Jack Wattleys
neues Diskushandbuch

Jack Wattleys

neues Diskus-handbuch

Erfahrungen des bekannten amerikanischen Diskuszüchters

Herstellung: Druckhaus Oberpfalz, Wernher-von-Braun-Straße 1, 92224 Amberg
ISBN 3-980 1265-5-2

Fotos: Archiv T. F. H. Verlag und bede-Verlag
Titelfoto: Günter Heymans

Inhaltsverzeichnis

Vorwort

Ich freue mich, daß ich dieses Buch verlegen durfte. Jack Wattley gilt international als Diskusspezialist. Seine Erfolge bei der Zucht und Festigung der ersten Türkisdiskus-Zuchtstämme sind unbestritten. Heute züchten überall in der Welt Diskusliebhaber Türkisdiskus. Irgendwie ist Jack Wattley der „Urvater" dieser herrlichen Tiere.

Ich kann mich noch gut erinnern, als ich etwa 1972 die ersten Wattley-Hochzuchtdiskus sah. Seine Fische waren sehr bullig und groß. Das Wildfangblut war deutlich zu erkennen. Die Männchen übertrafen in ihrer bulligen Form alle Erwartungen. Wahnsinnig teuer waren die Nachzuchten: Bis zu 100,– DM waren für einen kleinen Diskus zu bezahlen. In Deutschland gab es nicht allzuviele Diskuszüchter, und so mußte man viele Kilometer fahren, um Wattley-Diskus zu bekommen.

Jack Wattley versuchte immer stärker, neue Farbvarianten zu züchten. So kam es zu neuen Farbschlägen, die er numerierte. Noch heute geistern zum Beispiel in Japan Bezeichnungen wie Jack-Wattley-Linie Nummer 4 oder Nummer 5 herum. Besser ist es aber, seine schönen Kreuzungen als Türkishochzuchten zu bezeichnen. Brillantere Diskusfarben, als bei Jack Wattleys Dikusfischen, waren bis heute nicht zu erreichen. Alle Türkisnachzuchten basieren letztendlich auf seiner Arbeit.

In mehreren Gesprächen mit ihm konnte ich ihm klarmachen, daß es an der Zeit sei, den deutschsprachigen Diskusliebhabern alle seine Kenntnisse zu vermitteln. Zusammen mit Dr. Herbert Axelrod saßen wir im Juni in New Jersey bei einem Hummeressen zusammen und besprachen die Details. Da die englischen Rechte bei T.F.H. Publications, dem größten Heimtierbuchverlag, liegen, mußten zahlreiche Fragen geklärt werden. Auch sollte das Buch auf den neuesten Stand gebracht werden. Die gesamte Gestaltung war durch unseren Designer neu zu entwerfen. Zahlreiche neue Bilder wurden eingefügt.

Da der bede-Verlag zur gleichen Zeit auch noch das neue Buch von Dr. Schmidt-Focke erwarb, konnten die beiden Bücher dieser „Diskusgrößen" zum gleichen Zeitpunkt erscheinen. Zusammen mit meinem Buch „Das große deutsche Diskusbuch" gibt es jetzt in unserem Verlag eine Trilogie, die jeder ernsthafte Diskusliebhaber besitzen muß.

Ich wünsche Ihnen viel Freude an diesem Buch und hoffe, daß es Ihnen weitere Anregungen für ihr Hobby geben wird.

Bernd Degen
bede-Verlag

Vorwort

Jack Wattley, heute 65 Jahre alt, englischer und französischer Herkunft, wurde in Cleveland/Ohio geboren und lebt heute in Fort Lauderdale/Florida.

Seit über 25 Jahren ist er besessen von Diskusfischen und beschäftigt sich mit diesem Fisch der Gattung Symphysodon. Die große Farbenpracht und ihre Form machen sie zu den schönsten Süßwasserfischen überhaupt. Ihr Verhalten, speziell ihre Brutpflege, fordern die Aquarianer immer wieder heraus und stellen diese vor schwierige Probleme.

1962 fing Jack Wattley die ersten Diskus im Lago Téfé und später die durchgestreiften Blauen Diskus im Rio Jurua in Brasilien. In Kolumbien und Peru fing er zahlreiche Farbvarianten des Grünen Diskus – Symphysodon aequifasciatus, aequitasciatus.

Jack Wattley erfuhr internationale Anerkennung durch seine grüngestreiften Diskusfische, die er Türkisdiskus nannte. Durch systematische Auslese aus Hunderten von Wildfangbruten erhielt er Diskus mit voll durchgehender, grüner Längsstreifung und leuchtenden Farben, Farben, die in der Natur nur sehr selten vorkommen. Im Amazonasgebiet wählen Diskusfische ihre Partner nicht nach den gleichen Schönheitsidealen wie die Aquarianer aus. Unter Hunderten von Wildfängen sind nur einige wenige, die voll gestreift sind.

Diskuspaare, die nicht unter optimalen Bedingungen gehältert oder durch Krankheit und Medikamente beeinflußt werden, fressen oft ihre Gelege. Prof. Dr. Geisler berichtete, daß ein Paar seine Eier dreißigmal fraß. Die Diskuseltern übertragen auch oft Parasiten auf ihre Jungen, was zum Tode der Jungen führen kann. Aus diesem Grund zieht Wattley seine Jungfische künstlich auf.

Zwei Diskusgrößen unter sich.
Dr. E. Schmidt-Focke und Jack Wattley.

Nach vielen Jahren schwieriger Experimente gelang es endlich, 90 Prozent der Jungfische künstlich aufzuziehen.

Um sein Wissen zu erweitern und seine Kenntnisse zu verbreiten, reiste Jack Wattley in viele Länder. Er besuchte unter anderen Japan, Malaysia, Taiwan, Hongkong, Thailand und Kanada. Hier besuchte er die bekanntesten Diskuszüchter. Deutschland besucht er jedes Jahr.

Auf den folgenden Seiten gibt Jack Wattley seine Reiseeindrücke wieder. Er gibt Ratschläge zur Hälterung und Zucht von Diskusfischen und behandelt die Wasserbedingungen, das Züchten, die Fütterung und das Fangen von Wildfängen.

Diskusliebhaber sollten seine Ratschläge befolgen. Diese werden helfen, die Freude an diesem Hobby zu steigern.

Dr. Eduard Schmidt-Focke

Vorwort

Als ich auf dem weichen, dampfenden Boden des brasilianischen Regenwaldes stand, konnte ich einen Ausschnitt des Dschungellebens sehen. Fünfzehn Meter über mir, an moosbewachsenen Baumstämmen, verschloß sich der Wald mit einem dichten Blätterdach. Ich sah einige Schmetterlinge mit irisierenden blauen Flügeln, die im Licht glänzten. Wie in einem Film glitten die Wochen der Vorbereitung für diese Reise an meinen Augen vorbei. Bis zu dem Moment, als ich die kleine Amazonasstadt Leticia in Kolumbien erreichte. Leticia ist der Ausgangspunkt für viele Zierfischfang-Expeditionen in Kolumbien, Peru oder dem westlichen Brasilien. Der Pilot einer kleinen Privatmaschine, der mich nach Brasilien und zurück nach Leticia fliegen sollte, war schnell gefunden. Einige Stunden später, knapp 400 Kilometer östlich von Leticia, befand ich mich in Carauari, Brasilien, am Rio Jurua. Jetzt war ich in Amazonien, der Heimat der Diskusfische.

Ich traf einen ortsansässigen Fischer, Luis da Silva, der die kleinen Flüsse und Seen mit Diskusfischen kannte. Das Gebiet von Curauari bis Curimata erstreckte sich über 25 Kilometer. Es war Trockenzeit. Die Flüsse, Seen und Lagunen waren flach, das Gebiet, wo Diskusfische zu finden waren, war nicht tiefer als knapp einen Meter. Das Wasser war klar, der Bodengrund bestand aus Sand. Die Wassertemperatur lag nur knapp über 20 Grad Celsius. Dies war begründet durch die üppige Pflanzenvegetation, die die Gewässer fast völlig gegen das Sonnenlicht abschirmte.

Wir spannten Netze über den kleinen Fluß und warteten auf zwei Kollegen von Luis, die die Diskus in die Netze treiben sollten. Sie schlugen, etwa 20 Meter entfernt, mit Holzstöcken auf das Wasser, um die Diskus zur Flucht zu bewegen. Jetzt kamen die Fische. Einige entkamen den Netzen, doch etliche blieben in den Maschen hängen.

Wir begannen, den Fang zu sortieren. Zu meinem Schrecken sortierten meine Begleiter die kleinen, farblosen Diskus aus und warfen sie hinter sich auf das Ufer. Sie zeigten kein Interesse an den Tieren, um diese zu retten. Ich versuchte, ihnen klar zu machen, daß sie diese kleinen Diskus nicht töten sollten. Dann fuhren wir vorsichtig fort, die großen Diskus aus den Netzen zu befreien. Ich überlegte, wieviele dieser schönen Diskus wohl meine Aquarien lebend erreichen würden. Es war interessant, zu sehen, daß die meisten der großen Diskusfische, die wir fingen, braun waren. Diese einfach gefärbten, ausgewachsenen Diskus landeten in den Kochtöpfen der Eingeborenen.

Jack Wattley

Jack Wattley

Der Diskus und sein Weg zu uns

Brauner Wildfang-Diskus

Der Diskus gehört zur Art der Symphysodon, der Familie der Cichliden, und wurde erstmals 1840 von Dr. Johann Jacob Heckel, Wien/Österreich, erwähnt. In den 30er Jahren wurden sie in Aquarien in den USA und Deutschland eingesetzt. Damals wurde er ganz einfach „Pompadur-Fisch" genannt, ein brauner Fisch der Klassifizierung Symphysodon aequifasciatus Axelrodi.

Die Züchtung in diesen beiden Ländern war ziemlich erfolglos, was auf ungenügendes Wasser und fehlende Wasserwechsel zurückzuführen war; sicherlich nicht auf falsche Fütterung, da bereits auch damals ausreichend Lebendfutter in Form von Daphnia (Wasserflöhe), weißen Würmern, Erdwürmern und Moskitolarven erhältlich war.

Nach dem zweiten Weltkrieg kamen mehr Diskus auf den Markt, was aufgrund besserer Versandmöglichkeiten logisch war, und nach und nach änderten sich die Haltungsmethoden. Regelmäßige Wasserwechsel wurden vorgenommen, sauberes Lebend- und Flockenfutter wurde angeboten, sowie auch gefriergetrocknetes Futter, jedoch noch keine lebenden Tubifex-Würmer und Shrimps. Von den Fischfangzentren in Iquitos/Peru, Leticia/Kolumbien, Manaus und Belem do Para/Brasilien erhielt man Informationsmaterial, was den weiteren Weg des Diskus erleichterte, vor allem bezüglich der Fangart und weiteren Versorgung, bzw. Versand.

Im Herbst 1962 kamen von Miami und New York City nicht nur braune Diskus, sondern auch große Mengen Heckel-Diskus, einige grüne Arten und sogar blaue. Viele der Heckel-Diskus wurden als blaue Diskus verkauft, da man noch keine großen Unterschiede machte. Heute sind alle Arten erhältlich, die Fische werden nicht mehr als Seltenheit betrachtet.

Das Amazonasgebiet, Teile von Venezuela, Kolumbien, Brasilien und Peru, sind die Heimat des Diskus, also ein riesiges Gebiet mit vielen Flüssen, Seen und Strömen, mit Regenfällen und Überschwemmungen.

Nördlich des Putumayo Rivers an der kolumbianisch-brasilianischen Grenze habe ich Wasserproben mit folgendem Ergebnis gemacht: pH-Wert 6,6, Härte 25 ppm, Eisen 1,7 ppm, alkalischer Wert 20 ppm, Chlor 3,0 ppm.

Drei Arten Wasser sind vorherrschend: schwarzes Wasser, klares Wasser und weißes Wasser.

Schwarzes Wasser sieht wie schwarzer, starker Kaffee oder Tee aus; klares Wasser kommt in den kleineren Nebenflüssen häufig vor und weißes Wasser ist eine Mischung daraus, sieht aber schlammig aus.

Alle drei Arten von Wasser bieten ausgezeichnete Lebensbedingungen für die Diskusfische und natürlich ist es während der Trockenperioden einfacher, die Fische in den seichten Gewässern zu fangen.

Die Fischfangzentren liegen meist entfernt von Städten und Dörfern und in der Nähe von Flüssen wegen eines zügigen Versands. Die Wassertemperatur dieser Flüsse beträgt ca. 25 °C, bis zu 30 °C am Amazonas. Oft werden die Fische während der Nacht gefangen, da sie durch das Fanglicht blind scheinen und in großen Mengen von den Fischern in den Netzen gefangen werden.

Da sie nach dem Fang in Zentren zusammen gehalten werden, ist es sehr schwierig zu sagen, woher die einzelnen Farbschläge kommen. Der Symphysodon-Heckel kommt sicherlich aus Brasilien; er kommt nicht am Rio Negro vor, aber in vielen kleineren Strömen und Seen mit weißem Wasser.

Meiner Meinung nach liegen die besten Fischfanggebiete westlich von Manaus. Südwestlich von Manacapuru ist der Purus-River, wo es herrliche gefärbte Diskus gibt. Viele der blauen Diskus kommen von dort. Weiter westlich, ca. 350 Meilen von Manaus entfernt, gibt es hauptsächlich grüne Diskus, Téfé, die jedoch nicht mit denen aus Kolumbien und Peru vergleichbar sind. Der Téfé-River ist sehr gefährlich – Malaria!

Westsüdwestlich, am Jurua-River, wird das Fangen des Diskus immer schwieriger. Viele der dortigen Diskus sind blaue Diskus, wahrscheinlich Symphysoson aequifasciatus haraldi, eine Kreuzung zwischen blauen, braunen, und/oder grünen Diskus. Ca. 20 Prozent der blauen Diskus dieser Region haben nicht nur leuchtende blaue horizontale Streifen, sondern auch Markierungen der gleichen Farbe am Kopf. Diese Arten haben mir geholfen, meinen Wattley-Diskus zu züchten.

Im Norden, Richtung Kolumbien, habe ich grüne Diskus gefangen, die meiner Meinung nach die exotischsten Arten sind. Sie

Dieser grüne Wildfang wurde bei Téfé gefangen.

Brauner Diskusmann, der das Gelege bewacht.

Garnelen sind ein Hauptfutter für wild lebende Diskusfische. Eingelagerte Carotinoide verleihen den Fischen kräftige Farben.

haben einen goldgemusterten Hintergrund. Die türkisen horizontalen Streifen ziehen sich am ganzen Körper entlang, und die schwarzen Farben an den Flossen ziehen sich am Ende des ganzen Körpers durch. Diese Diskusart läßt sich besonders leicht in Becken anpassen und kann leicht mit den blauen Diskus gekreuzt werden. Farbenprächtige Nachkommen kann man unter Beachtung der Zucht- und Vererbungslehre erhalten.

Die kleinen Flußkrebse, die zusammen mit den Diskus gefangen werden, haben ihren eigenen Sinn. Sie werden von den Fischen getrennt, getrocknet und in Gläsern als Fischfutter aufbewahrt.

Keine Wasserprobleme gibt es während des Transports nach Manaus, da das Wasser im Fluß dauernd gewechselt wird. Dies geschieht auch während der gesamten Zeit der Gefangenschaft.

Pta. Gallinas
GUAJIRA PEN.
NETH. ANTILLES
Bonaire
Sta. Marta
Barranquilla
Cartagena
Ciénaga
L. Maracaibo
Maracaibo
Coro
Pto. Cabello
La Guaira
I. de Margarita
Carúpano
G. of Paria
Cumaná
Barcelona
Caracas
Valencia
Barquisimeto
Trujillo
Valera
Mérida
San Fernando
Orinoco
Ciudad Bolív
Mompós
Panamá
G. of Panamá
Turbo
Cúcuta
Pamplona
Bucaramanga
Alto Ritacuva 18,022
Arauca
Meta
Pto. Carreño
Puerto Ayacucho
Medellín
Magdalena
Cauca
Chiquinquirá
Tunja
Manizales
C. Corrientes
Tolima 17,110
Bogotá
Ibagué
Vichada
Buenaventura
COLOMBIA
Guaviare
Orinoco
Sa. Pacaraim
Boa Vist
Cali
Neiva
Huila 18,865
Popayán
Pico da Neblina 9,889
Sa. Tapirapecó
Tumaco
Pasto
Vaupés
São Felipe
Ibarra
Equator
Apaporis
Caquetá
Taracuá
Rio Negro
Barcelos
Moura
Quito
Cotopaxi 19,347
Napo
Putumayo
Japurá
ECUADOR
Riobamba
Pto. Córdoba
Içá
Amazon
Tefé
(Rio Amazonas)
Cuenca
Tigre
Loreto
Leticia
Loja
Iquitos
Jutaí
Marañón
Benjamin Constant
Javari
Jaén
Requena
Juruá
Piura
Eirunepé
Purus
Lábrea
Humait
Cajamarca
Ucayali
Xingu
Ituxi
Pôrto Velh
Alto Madeira
Trujillo
Chimbote
Huascaran 22,205
Iaco
Rio Branco
Huaráz
Cocama
Abunã
Villa Bella
Guajará Mirim
Cerro de Pasco
Riberalta
Serra dos
Guaporé
Huacho
La Oroya
Urubamba
Pto. Maldonado
Beni
Mamoré
Callao
Lima
Apurímac
Sta. Ana
Cuzco
Sta. Ana
Pisco
Ayacucho
Trinidad
Pta. Huacas
Ica
Vilcanota 17,999
L. Titicaca
Illampu 21,276
Juliaca
San Igna
Lomas
Arequipa
Puno
La Paz
El Misti 19,199
Grande
Matarani
Mollendo
Moquegua
Ilo
Tacna
Cochabamba
Santa Cruz
Arica
Sajama 21,391
Oruro
L. Poopó
Sucre
Pisagua
Río Mulato
Potosí
Iquique
Uyuni
Tupiza
Villa Montes
Tarija
Ollagüe
Tocopilla
La Quiaca
Calama
Orán
Embarcación
Tropic of Capricorn
S. Antonio
Jujuy
Antofagasta
Vol. Llullaillaco 22,057
Salta
Taltal
Rosario
Chañaral
22,572
Ojos del Salado
Tucumán
Salado
I. San Félix
I. San Ambrosio
(Chile)
(Chile)
Caldera
Copiapó
Santiago del Estero
Huasco
Tinogasta
Catamarca
Vallenar
Chilecito
La Rioja
La Serena
Coquimbo
Jachal
Mar Chiquita
Ovalle
San Juan
Córdoba
Los Vilos
22,211
Mercedario
Aconcagua
Villa María

Das Amazonasbecken ist die Heimat der Diskusfische. In diesem Flußgewirr werden die verschiedenen Wildfänge gefunden.

Klassifizierung der Diskus

Es ist nicht überraschend, daß bezüglich der Klassifizierung der Diskus einige Verwirrung herrscht. Dazu trägt vor allem die verschiedenartige Literatur bei, hinsichtlich der Arten, Unterarten, Farbgebung, Haltung und Herkunft. Grundsätzlich würde ich vorschlagen, die beiden Beschreibungen von Dr. L. P. Schultz vom Juni 1960 heranzuziehen.

1. den Heckel-Diskus 1980 (Symphysodon Willischwartzi Burgess, 1981, eine mögliche Kreuzung zwischen Symphysodon und Symphysodon aequifasciatus axelrodi)
2. den Symphysodon aequifasciatus Pellegrin, 1903, mit 3 Unterarten:
   - Symphysodon aequifasciatus axelrodi Diskus Schultz, 1960, braun,
   - Symphysodon aequifasciatus aequifasciatus Pellegrin, 1903, grün,
   - Symphysodon aequifasciatus haraldi Schultz, 1960, blau.

Der Symphysodon/Heckel-Diskus wird auch Pompadur-Heckel, blauer oder roter Diskus genannt. Er ist einzigartig und erscheint in blau, grün und braun. Die Hintergrundfarbe am Körper kann etwas variieren, von braungrau bis honigbraun. Alle echten Arten haben blau gefärbte Streifen auf dem ganzen Körper, die oft grau vermischt sind. Er ähnelt aber nicht unbedingt dem brillantblauen Symphysodon aequifasciatus haraldi.

Schwierig wird die Auswahl bei Wildfängen und in Gruppen. Jedoch haben sie neun schwarze vertikale Streifen, wobei der 5. mittlere Streifen doppelt so breit ist, als die anderen acht, was ihn von allen anderen Arten unterscheidet.

Die Augen leuchten genau wie bei allen anderen Arten. Die Farbe der Augen variiert von rot bis orange und gelb.

Symphysodon-Heckel sind etwas zurückhaltender (lethargischer) als andere Arten und Unterarten. Er ist aber kein scheuer Fisch, sondern nur weniger aggressiv, be-

Links eine Gruppe Heckel Wildfänge. Sie sind in den Nebenflüßen des Rio Negro zu finden.
Rechts ein brauner Diskus.

sonders zu Fütterungszeiten. In einem Bekken mit sechs großen Symphysodon-Heckel und anderen braunen, blauen und grünen Diskus, würde er eine Partnerschaft mit seiner Rasse bilden, was andere Arten nicht tun.

Die Größe der Symphysodon und deren Unterarten ist ziemlich die gleiche. Der Symphysodon aequifasciatus axelrodi ist der gängigste. Er ist allgemein der „Braune Diskus", denn die vorherrschende Farbe ist braun, kann aber auch grau, gelb, orange und sogar rot sein. Leuchtend blaue Farbe zieht sich am Kopf entlang sowie auch über Schwanz- und Rückenflossen. Andererseits gibt es sie aber auch ohne jegliche Blaufärbung. Auch eine Rotfärbung über den Flossen ist möglich. Teilweise sind auch neue schwarze vertikale Streifen ersichtlich.

Ein großer, gesunder, brauner Diskus mit schönem Kopf- und Flossenzeichen in blauer Farbgebung ist ein herrlicher Fisch. Nach der Meinung vieler Züchter und auch meiner Meinung nach, kann der braune Diskus genauso majestätisch aussehen, wie jeder Symphysodon blau, grün oder ähnlich.

Der Symphysodon aequifasciatus aequifasciatus, der „Grüne Diskus", hat normalerweise als Hintergrundfarbe ein schlammiges grün oder braun. In vielen Fällen sind die grünen horizontalen Streifen irisierend. Sie können über dem ganzen Körper erscheinen, sind jedoch oft nur am Kopf und auf Bauch- und Rückenflossen zu sehen und entwickeln sich seltener auf dem Körper.

Nachzuchtdiskus von Dr. E. Schmidt-Focke. Deutlich ist der Heckelstreifen von eingekreuzten Heckeldiskus zu erkennen.

Grüner Wildfangdiskus. Fische mit roten Punkten auf den Seiten werden als Téfé-Diskus bezeichnet.

Meine „Téfé green"-Diskus könnten ursprünglich eine Kreuzung zwischen normalen braunen und Peru-grünen Diskus gewesen sein, und zwar aus dem Gebiet von Santo Antonio do Ica und dem Putumayo River.

Andere grüne Diskus, die ich weiter nördlich vom Rio Cotuhe gefangen hatte, waren schöner und hatten herrliche grüne Streifen. Viele von ihnen hatten rote Punkte auf dem Körper mit besonders schönen dunkelbraunen oder schwarzen Markierungen an den Flossenenden.

Der Symphysodon aequifasciatus haraldi, der „Blaue Diskus", wurde nach Harald Schultz, Sao Paulo/Brasilien, genannt, der viel für diese Fische getan hat. Erwähnen muß man in diesem Zusammenhang auch Mr. Mike Tsalikis und Sr. Rafael Wandurraga von Leticia/Kolumbien, nach denen der „Tarzoo blue" genannt wurde.

Dieser Diskus ist nichts anderes als ein sehr farbiger brauner Diskus mit vielen horizontalen blauen Streifen. Blaue Diskus kommen viel im Lake Manacapuru, Amazonas-

Gebiet, vor und sind, aufgrund der natürlichen Bedingungen dort, wesentlich irisierender, oft mit Streifen über dem ganzen Körper. Natürlich ist er dann auch teurer als ein normal-blauer Fisch.

Leider bedeutet heute „Royal blue" sehr wenig, da jeder blaue Fisch als „Royal blue" verkauft wird. Andere Farbvariationen sind handelsüblich als „Hongkong blue" benannt, was eine Kreuzung zwischen braunem und blauem oder grünem Diskus ist. Der „blue face"-Diskus ist nichts anderes als ein brauner Diskus, der mit Hormonen behandelt wurde, wie auch der „candyapple"-Diskus aus Thailand. Die orange-rote Farbe wird durch die Fütterung mit Macrobrachium Rosenbergi erzielt. Der „powder blue"-Diskus ist ein schöner Royal blue mit wenig blauen Streifen am Körper und puderartigen Farbmarkierungen, jedoch nur beim Männchen, und die Weibchen sind normale braune Diskus. Der „Wattley-Turquoise"-Diskus, den ich hervorgebracht habe, ist irisierend türkis-blau am ganzen Körper, wobei meist Männchen und Weibchen gleichermaßen gefärbt sind. Beide Geschlechter haben leuchtendrote Augen. Bei erwachsenen „Wattley-Turquoise"-Diskus ist die Flossengebung hervorstechend, wobei die Rückenflosse sehr hochgezogen ist.

Royal Blue Wildfang mit guter Steifung. Interessant die kräftig roten Flossensäume.

Foto des Originaltypes, entdeckt von Dr. Axelrod, von „Symphysodon discus willischwartzi". Dr. Warren Burgess beschrieb diesen Fisch als ersten Heckel, der im südlichen Amazonas gefunden wurde.

Das richtige Zubehör

Wenn man über Aquariumzubehör spricht, dann denkt der Leser natürlich an das Aquarium, an Heizer, Netze, Filter und all die anderen Dinge, die zum Betrieb eines Aquariums gehören.

Es kann allerdings auch sein, daß das örtliche Wasser nicht zur Diskushälterung oder Zucht geeignet ist. In diesem Falle müßte Spezialzubehör angeschafft werden. Das normale Leitungswasser ist aber meist für die einfache Hälterung von Diskusfischen gut genug.

Welches Aquarium hingegen am besten für Diskusfische geeignet ist, darüber gehen die Meinungen auseinander. Ich halte meine Zuchtpaare in Ganzglasaquarien mit einem Inhalt von 100 bis 130 Liter Wasser.

In solch kleinen Aquarien zeigen die Diskus natürlich nie ihre imposante Schönheit. Deshalb wären solche Aquarien zur Hälterung ungeeignet. Für die Haltung sollten möglichst große Aquarien verwendet werden, da diese auch einfacher zu handhaben sind. Ein Standardaquarium von ca. 240 Litern wäre gut geeignet für vier bis sechs erwachsene Diskusfische. Die Tiefe des Aquariums sollte für Diskusfische mindestens 50 Zentimeter betragen. Auch die Höhe sollte nicht unter 50 Zentimeter liegen.

Zur Beleuchtung sind Abdeckhauben mit eingebauten Leuchtstoffröhren bestens geeignet. Ich selbst verwende aber nie solche Abdeckhauben, sondern installiere ein einfacheres Licht über den Zuchtaquarien, da mich die Abdeckhauben bei meiner täglichen Arbeit stark irritieren würden. Einfache Abdeckhauben lassen sich aus Plastik, Styropor und Spanplatten leicht selbst machen.

Gute Ausströmersteine müssen in den Diskusaquarien verwendet werden, da gerade bei einer Medikamentenanwendung ständig für gute Durchlüftung zu sorgen ist. Während dieser Behandlungszeit verwende ich, je nach Aquariengröße, immer einen oder sogar zwei Ausströmersteine. Wenn Ausströmersteine einmal verstopft sind, empfiehlt es sich, diese für 24 Stunden in ein Glas mit Essig zu legen. Danach sind sie wieder ganz gut zu gebrauchen.

Schwammfilter eignen sich sehr gut für Zuchtaquarien.

Jack Wattley vor einem Teil seiner einfachen, aber effektiven Zuchtanlage.

Aquariumheizer mit Thermostat sind für Diskusaquarien unerläßlich. Hierbei ist schon auf Qualität zu achten, denn die niedrigen Heizerkosten stehen in keinem Verhältnis zu einem späteren Schaden. Einer meiner Diskusfreunde benutzt seine Heizer nur maximal achtzehn Monate. Danach tauscht er sie gegen neue Regelheizer aus. Er möchte durch einen defekten Heizer keines seiner schönen Tiere verlieren.

Auch das Aquariumthermometer muß von guter Qualität sein. Heute gibt es schon jede Menge von Digitalthermometern. Doch auch Thermometer aus dem Fotolaborbereich leisten hervorragende Dienste. Ich teste mein Aquarienwasser allerdings meist durch Hineinlangen, aber ab und zu muß ich auch eine genaue Temperaturangabe haben. Besonders während Krankheitsbehandlungen ist auf exakte Temperatur zu achten.

Das Wasser ist das wichtigste Element in der Diskushälterung. Die Wasserqualität muß einfach stimmen. Urin und andere Ausscheidungen sowie Futterreste sorgen ständig für eine Belastung des Wassers. Diese Belastungen müssen reduziert werden. Ein gutes und wirksames Filtersystem ist zu installieren. Für mich gibt es in den Zuchtaquarien kein besseres Filtersystem als das mit den Filterschwämmen. Diese mit Luft betriebenen Filterschwämme bauen einen biologisch gut funktionierenden Filter auf. In den USA werden für Schauaquarien auch gerne Bodengrundfilter eingebaut. Diese müssen dann durch ein anderes Überwasserfiltersystem unterstützt werden. In Deutschland ist der Einbau eines Bodengrundfilters kaum üblich.

Vielfach werden auch Innenfilter oder Außenfilter, die am Aquarium stehen oder hängen, eingesetzt. Wird eines dieser Systeme benutzt, kommt meist Aktivkohle und eine Filtermatte zum Einsatz als Filterelement.

Die Aktivkohle beeinflußt den pH-Wert des Wassers erheblich. Dies ist bei Neueinsatz von Aktivkohle immer zu beachten. Alle mechanischen Filter werden mit der Zeit auch zu biologischen Filtern, in denen sich Nitrosomonas-Bakterien ansiedeln. Zum Schutze dieser Bakterien und der biologischen Filterung darf das Filtersubstrat bei Reinigung oder Wechsel nie total ausgetauscht werden. Es würde sonst zu lange dauern, bis das biologische Gleichgewicht im Filter wieder hergestellt wäre. Deshalb lassen Sie immer etwas vom alten Filtermaterial in der Filterkammer zurück.

Einige der neueren Filtersysteme erzeugen eine sehr starke Strömung im Aquarium. Für Diskusfische ist dies ungewohnt und fremdartig. Sie kommen aus ruhigeren Gewässern und wollen eine ruhigere Wasser-

zirkulation. Besonders beim Ablaichen ist darauf zu achten.

Eine Torffilterung wird auch von vielen Diskuszüchtern und Liebhabern bevorzugt benutzt. Besonders hier in Europa ist dies ja der Fall. Die Aufgabe des Torfes wäre es, den pH-Wert des Wassers herabzudrücken. Natürlich beeinflussen die im Torf enthalte-

Dieser Fisch wurde aus Wildfängen herausgezüchtet. Eine Vorstufe des „Türkis-Diskus".

nen Huminsäuren auch das Wohlbefinden der aus Südamerika stammenden Fische. Neben den Diskusfischen lieben zum Beispiel aus die Skalare oder Neon als Schwarzwasserfische den Torfzusatz.

Jedes Filtersystem hat seine Vor- und Nachteile. Welches Filtersystem der Diskusliebhaber letztendlich bevorzugt, muß er selbst entscheiden. Diese Entscheidung ist abhängig von der Aquariengröße, dem Besatz mit Fischen und der Wassermenge, die er bereit ist, zu wechseln. Auch die Futterart und Futtermenge beeinflußt die Filterung sehr stark. Wenn jemand bevorzugt Leber verfüttert, müßte er wegen der hohen Belastung des Wassers sehr leistungsfähige Filter einsetzen und auch das Wasser öfters wechseln.

Es gäbe auch die Möglichkeit, ohne Filterung auszukommen. Diese Methode gibt es, auch wenn es sich zuerst etwas unglaubwürdig anhört. In Asien, wo Arbeitslöhne eine untergeordnete Rolle spielen, gibt es den täglichen Wasserwechsel von fünfzig Prozent. Diskuszüchter, die gutes Wasser haben, könnten so arbeiten. In Hongkong ist dies zum Beispiel der Fall.

Doch in Europa und den USA muß das Diskuswasser meist langwierig aufbereitet werden. Schon deshalb ist ein gut funktionierendes Filtersystem unabdingbar.

Ist das Wasser sehr gut und ein öfterer Teilwasserwechsel einfach, sollte dieser auch durchgeführt werden. Der Teilwasserwechsel unterstützt die Filterwirkung erheblich.

Auch das tägliche Absaugen der Futterreste und Abfälle gehört eigentlich zu den Selbstverständlichkeiten bei der Diskuspflege. Der Erfolg der Diskuszucht ist oft von diesen Faktoren abhängig.

Wasserchemie

Nach dem Kapitel über die Filterung erscheint es nur logisch, sich über die Wasserchemie zu unterhalten. Einige Ahnung über die Wasserbeschaffenheit in den Diskusbiotopen ist erwünscht.

Das Wasser im Amazonasgebiet, in welchem Diskusfische gefunden werden, weist meist einen pH-Wert von 5,5 bis 6,8 auf. Ausnahmen sind die Schwarzwasser mit einem pH-Wert um pH 4,0. Hier leben bevorzugt Heckel-Diskus.

Die Leitfähigkeit dieses Diskuswassers liegt bei unter 10 μSiemens. Somit ist es mit Regenwasser zu vergleichen. Sie können also auch sauberes Regenwasser zur Diskuszucht einsetzen.

Diskuswasser sollte im leicht saueren Bereich der pH-Wert-Skala liegen. Je niedriger der pH-Wert eines Wassers ist, desto sauerer ist es auch. Über pH 7,0, dem Neutralpunkt, beginnt der basische Bereich.

Der pH-Wert sagt nichts über die Klarheit und Bakterienreinheit des Wassers aus. Er gibt nur Auskunft über die positive bzw. negative Ladung mit Wasserstoff-Ionen.

Ein Wasser sauer einzustellen, sollte immer auf der Basis von Torf und nie auf der Basis von Schwefelsäure erfolgen. Diese Säure, wie auch Phosphorsäure, säuert zwar das Wasser an, kann den Diskus aber erheblich schädigen. Jeder Eingriff in den pH-Wert des Wassers sollte sorgsam und langsam erfolgen.

In sauerem Wasser können sich Bakterien schlechter halten oder vermehren. Ein Absenken des pH-Wertes in den leicht saueren Bereich hat auch die Umwandlung des gefährlichen Ammoniak-NH^3 in das ungefährlichere Ammonium -NH 4+ zur Folge.

Ich selbst habe Diskus in jedem pH-Wert zwischen 4,8 und 7,5 gehalten und nachgezüchtet. Über pH 7,5 sollten Diskusfische allerdings nicht gehältert werden. Als ideal sind die Neutralwerte zwischen pH 6,5 und 7,5 anzusehen.

Plastiklaichtopf mit Gelege in aufbereitetem Wasser.

Mein Diskuswasser kommt aus dem öffentlichen Leitungsnetz von Fort Lauderdale in Florida und hat einen sehr hohen pH-Wert von 8,5. In diesem Falle muß ich das Wasser mit Sodiumhydrogenphosphat – NaH_2PO_4 und Torf behandeln.

Ionenaustauschanlage, wie sie heute bei vielen Diskuszüchtern mit hartem Leitungwasser steht.

In allen Hälterungsaquarien benutze ich diese Methode. Nur in den reinen Zuchtaquarien mit Zuchtpaaren stelle ich den pH-Wert ausschließlich mit Torf auf einen pH-Wert von 6,7 ein.

Diese Ansäuerung mit Torf enthärtet gleichzeitig auch etwas das Wasser. Ich habe damit gute Erfolge erzielen können.

In den Aquarien mit den Jungfischen, die herangezogen werden sollen, ist mir der Einsatz von Torf zu umständlich, da ich hier meist täglich 50 Prozent Wasser wechsle.

Bei diesen großen Wasserwechseln setze ich dem Wasser Sodiumthiosulfat – $Na_2S_2O_3$ zu, um das vorhandene Chlor zu

Kreuzungspaar aus einem braunen Diskus und einem Wattley „powder blue" Diskus. Die Farben sind sehr verwaschen.

neutralisieren. Dem Frischwasser setze ich dann noch etwas Dihydrogenphosphat zu.

So kann ich bei meinem Ausgangswasser größere Wasserwechsel machen. Hinzuzufügen wäre aber noch, daß sich unser amerikanisches Wasser sehr stark von dem europäischen Wasser in der Zusammensetzung unterscheidet. Somit ist in Europa der Einsatz von Ionenaustauschern oder Umkehrosmoseanlagen üblicher als bei uns.

Das Wasser in meinen Zuchtaquarien wird mehrmals wöchentlich gewechselt. Teilwasserwechsel von jeweils 15 Prozent sind die Regel. Das normale Leitungswasser wird zum Teilwasserwechsel in einem speziellen Tank vorbereitet. Dieser Tank enthält 600 Liter. An diesem Vorratstank ist ein geschlossener Filter mit Torf angeschlossen. So werden stündlich etwa 500 Liter Wasser dieses Vorratstankes durch den Torf gepreßt. Wöchentlich wird ein Pfund frischer Torf für diesen Zweck eingesetzt. Bereits nach drei Stunden hat sich der pH-Wert schon abgesenkt. Durch die starke Zirkulation ist es auch nicht nötig etwas gegen das Chlor zu unternehmen, denn durch die Pumpbewegung verflüchtigt es sich von selbst.

Unser Torf, den wir einsetzen, kommt aus Michigan oder aus dem östlichen Kanada. Auch deutscher Torf ist erhältlich. Für meine

Dieser flächige Türkis wurde von Dr. Schmidt-Focke herausgezüchtet.

Türkis Männchen aus Wattleys Zucht. Auffallend sind die großen Flossen.

Zuchtanlage habe ich den Torf aus Brunswick in Kanada favorisiert.

Gerade bei sehr weichem Wasser muß der Aquarianer sehr vorsichtig vorgehen, um den pH-Wert zu senken. Wasser ohne Calcium und Magnesium hat keine natürlichen Puffer mehr. So kann es schnell zu einem starken pH-Wert-Abfall kommen, was zur Folge haben kann, daß Diskusfische Säureschäden bekommen. Die Flossen fransen dann aus und die Oberhaut wird verätzt. Es kommt zu Schleimablösungen und im schlimmsten Fall führt dies zum Tode.

Über die Häufigkeit des Teilwasserwechsels oder die Wassermenge eine Aussage zu machen, ist schwierig, denn ich kenne erfolgreiche Züchter, die nur alle 14 Tage zehn Prozent des Wassers auswechseln. Andere dagegen wechseln täglich bis zu 75 Prozent des Wassers. Beide hatten den gleichen Erfolg.

Nur vier Monate ist dieser herrliche Rottürkis Diskus. Die kräftige rote Grundfärbung wird erst im Alter sichtbar.

Dieser Diskus erhielt die Bezeichnung „Royal türkis". Heute würde er wohl besser „Rottürkis" benannt.

Die Farbe eines Fisches ist neben dem Futter und der Beleuchtung auch von der Wasserzusammensetzung abhängig.

Ich bin aber sicher, daß der größere und regelmäßigere Wasserwechsel sehr positiv das schnellere Wachstum der Diskusfische beeinflußt. Besonders dann, wenn gutes Ausgangswasser vorhanden ist, bringt der ständige Wasserwechsel enorme Wachstumsverbesserungen.

Durch den regelmäßigen, gleichbleibenden Wasserwechsel werden die Fische auch nicht so geschockt. Es wäre besser, jeden Tag konsequent mindestens zehn Prozent Wasser zu wechseln, als einmal in der Woche siebzig Prozent. Der Wechsel von einmal siebzig Prozent würde zu einer radikalen Wasserveränderung führen, den die Fische nur schlecht verkraften könnten. Es kommt dann immer zu Schleimhautreizungen. Ringen Sie sich zu gleichbleibenden täglichen Wasserwechseln durch.

Ich erhalte viele Anfragen von Leuten, die eine Reihe Diskus im Aquarium hatten, die gleich alt waren. Nach einigen Monaten waren ein oder zwei Fische den anderen davongewachsen. Woran kann so etwas liegen, daß die Fische ungleich wachsen? Kann es sich um dasselbe Symptom wie bei Froschlarven handeln? Bei Froschlarven ist bekannt, daß sie einen wachstumshemmenden Stoff in das Wasser abgeben, welcher verhindert, daß andere Kaulquappen eine normale Entwicklung durchmachen. So entwickeln sich einige wenige größere Kaulquappen, die die anderen am Wachstum hindern. Könnte vielleicht bei den Diskusfischen in der Enge eines Aufzuchtaquariums ein ähnlicher Effekt schuld am verzögerten Wachstum gleichaltriger Diskus sein?

So bestünde die Möglichkeit, daß ein Diskus aus der Masse der anderen herauswachsen könnte. Er könnte leicht die dop-

pelte Größe der Geschwister bekommen. Dies passiert übrigens auch, wenn alle Fische die gleiche Nahrung hatten. Ich konnte in meiner Zuchtanlage dieses Phänomen allerdings nie entdecken, was wohl an dem gleichmäßigen und häufigen Wasserwechsel lag.

Ist die Wasserhärte wohl wichtig für Diskusfische? Die Frage kann mit ja beantwortet werden. Für manchen Züchter ist es dennoch keine wichtige Frage. In der Natur vermehrt sich der Diskus in extrem weichem Wasser ohne Calcium oder andere gelöste Minerale. In Gefangenschaft hingegen wurde er schon erfolgreich in sehr hartem Wasser nachgezüchtet. Zum Beispiel in Los Angeles, Kaliformien, wurden jahrelang herrliche Grüne Diskus in einem Wasser von 630 µSiemens nachgezüchtet.

Das meiste normale Leitungswasser ist durchaus geeignet Diskusfische zu hältern. Soll jedoch die Wasserhärte herabgedrückt werden, kann einfach weicheres Wasser mit härterem Wasser gemischt werden. Hierzu könnte destilliertes oder Regenwasser verwendet werden. Destilliertes Wasser ist zu kostenintensiv. Besonders bei großen Wassermengen ist destilliertes Wasser nicht mehr akzeptabel. Regenwasser könnte gut zum Mixen verwendet werden, wenn es in Ordnung ist. Zu saueres Regenwasser ist nicht zu verwenden. Auch Regenwasser aus Industriegegenden enthält zu viele Rückstände, als daß es geeignet wäre. Die Entfernung von Salzen aus Wasser kann durch den Einsatz von Ionenaustauschern vorgenommen werden.

Viele Aquarianer benutzen Ultraviolett-Lampen oder Ozonreaktoren, um ihr Aquarienwasser zu entkeimen. Bei allen meinen Reisen habe ich noch keine wirklich dauernd erfolgreiche Zuchtanlage mit UV- oder Ozoneinsatz gesehen. Der Einsatz ist nicht billig und ich glaube, daß eine gleichmäßig gute Fütterung und ein täglicher Wasserwechsel diese Hilfsmittel ersetzen können.

Wachsen in einem intakten Aquarium Grünalgen, so macht dies den Diskus nichts aus. Wachsen dagegen Braun- oder Rotalgen, zeugt dies von schlechter Pflege und minderer Wasserqualität.

Um dieses Kapitel abzuschließen, will ich die Wasserwerte meines Leitungswassers in Fort Lauderdale bekanntgeben. Erst nach der beschriebenen Behandlung mit Torf senkt sich der hohe pH-Wert.

Calcium	32 ppm (parts per million)
Magnesium	1 ppm
Sodium	1,5 ppm
Eisen	0,3 ppm
Chloride	45 ppm
Sulfat	25 ppm
pH-Wert	8,5–9,0

Brauner Perldiskus. Eine Zuchtvariante, die sich nicht durchsetzte.

Die Fütterung

Schöne, gesunde und große Diskus sind sicher das Ergebnis einer optimalen Hälterung und einer hervorragenden Fütterung. Es gibt viele gute Futtersorten für Diskusfische. Über die Jahre meiner Diskuszucht habe ich herausgefunden, daß es eigentlich kein besonders geheimnisvolles Diskusfutter gibt.

Das absolute Diskusfutter gibt es nicht. Die Kombination von Futtersorten bringt den Erfolg.

Die Futtertiere, die der Diskus in seiner Heimat Amazonien bekommen kann, sind bekannt. In erster Linie sind es die kleinen Süßwasserkrebschen oder Süßwassergarnelen und die Larven und Puppen verschiedener Insekten und Würmer.

Alle diese Futtersorten, oder ähnliches Futter, kann der Diskusliebhaber hier seinen Diskusfischen auch bieten.

Natürlich müssen nicht alle Futtersorten gleichzeitig verabreicht werden. Wichtiger wäre es, verschiedene dieser Futtersorten immer wieder in den Speiseplan der Fische einzubauen.

Lebende Würmer oder Mückenlarven sind leichter zu bekommen, als lebende Krebschen. Beide Futtersorten sind aber gefroren im Handel. Ich habe während meiner Expeditionen mehrere Diskusmägen auf Futter untersucht, jedoch keine brauchbaren Spuren gefunden.

Es lag vielleicht daran, daß diese untersuchten Diskus in einem eng eingegrenzten Seengebiet um Téfé gefangen wurden. Es war zudem noch Trockenzeit, in der das Nahrungsangebot auch noch zurückgeht. Ich fragte meine örtlichen Begleiter, was die Diskus zu fressen hätten. Sie antworteten mir „Algen". Doch dies konnte ich nicht glauben. Ich glaube, daß die Diskus in der Natur längere Hungerperioden mitmachen müssen.

Deshalb können auch gefangene erwachsene Diskusfische längere Zeit ohne Futter auskommen, ohne Schäden zu erleiden. Nachzuchttiere sind da sicher etwas empfindlicher, denn sie sind regelmäßige Nahrungsaufnahme gewohnt.

Viele Diskusliebhaber neigen aber dazu, ihre Diskusfische zu überfüttern. Eine Überfütterung mit Lebendfutter ist vielleicht nicht so einfach, wie eine Überfütterung mit künstlichem Futter, das zusätzlich mit Nährstoffen aufbereitet ist.

Es ist bekannt, daß der Diskuskörper viel Eiweiß enthält. Somit braucht er immer wieder eine gute Eiweißversorgung.

Die natürliche Diskusnahrung in Amazonien ist reich an Eiweißbaustoffen, den sogenannten Proteinen und deren Aminosäuren. Die Ersatzfütterung im häuslichen Bereich weicht deutlich von dieser Eiweißversorgung ab. Verschiedene Ersatzfutter sorgen für verschieden hohe Eiweißspiegel in dem Fisch. Auch ist der Eiweißverbrauch abhängig von der Bewegung der Fische. Zum Beispiel braucht ein Diskuspaar in einem Aquarium mit sechzig Liter Wasser weniger Futter im Verhältnis zu einem Paar, das in einem Aquarium mit 500 Liter Wasser schwimmt. In diesem großen Aquarium wird mehr Energie verbraucht. Verteidigung, Revierbildung und Futterneid sorgen schnell für einen höheren Energieumsatz.

Die Qualität des Eiweißes ist abhängig von der Zusammensetzung seiner Aminosäuren. Tierisches Eiweiß enthält mehrere vollwertige Aminosäuren. Bei pflanzlichem Eiweiß ist dies meist nicht der Fall.

So hat es der Aquarianer leicht, mit Fischfleisch, Krebsen, Garnelen oder Rinderherz

Auf diesen sechs Bildern sehen Sie die Fütterung von Diskuslarven während der künstlichen Aufzucht.

seinem Diskus viel tierisches Eiweiß zu bieten. Dieses tierische Eiweiß enthält ideale Aminosäurenzusammenstellungen, die von pflanzlichem Eiweiß in dieser Zusammensetzung nicht erreicht werden kann. Deshalb wird tierisches Eiweiß auch als vollwertiges Eiweiß bezeichnet.

Werden diese tierischen Eiweißstoffe noch mit Ballaststoffen angereichert oder kombiniert, erhält man eine ausgewogene Diskusdiät. Erhält der Diskus viel natürliches Futter, wie Garnelen oder Krebschen, dann braucht er keine zusätzlichen Vitamine. Ist dies aber nicht der Fall, sollten Vitamine zugesetzt werden.

Daß die Fische Vitamine benötigen, ist wissenschaftlich erwiesen und dokumentiert. Die Vitaminmengen sind abhängig von der Fischgröße. Auch das Alter, die Verfassung, die Wasserbeschaffenheit, sowie die Temperatur spielen in den Vitaminverbrauch hinein.

Alle Zusammenhänge sind noch nicht erforscht, aber zum Beispiel in dem Buch „Erfolg mit Diskusfischen" sehr gut geschildert.

Ich benutze immer pulverisierte Vitaminmischungen, um diese meinem selbst zubereiteten Diskusfutter unterzumischen.

Es gibt in Apotheken und Zoogeschäften wasserlösliche Vitaminmischungen, die gut für die Diskus verwendet werden können. Meist beinhalten diese pulverisierten Vitaminmischungen auch eine Menge an Mineralien. Diese Mineralstoffe sind ebenfalls wichtig für die Ernährung der Diskusfische.

Dennoch ist der tatsächliche Bedarf von Mineralien und Vitaminen bei Zierfischen noch mangelhaft erforscht.

Im Aquarienwasser sind auch Mineralstoffe enthalten, die die Fische dem Wasser entnehmen können. So ist zum Beispiel Calcium in größerer Menge in jedem normalen Wasser vorhanden. Ich mische meinem selbstgemachten Futter immer von dem Vitamin-Mineralpulver zu. Auf fünf Pfund Futter mische ich fünf Gramm Pulver ein. Fünf Gramm dieses Pulvers enthalten nachfolgende Mengen:

Vitamin B1	25 mg
Vitamin B2	25 mg
Vitamin B6	25 mg
Vitamin B12	250 mcg = Mikrogramm
Vitamin A	10 000 IE = Internationale Einheiten
Vitamin C	150 mg
Vitamin D	400 IE
Vitamin E	25 IE
Niacin	100 mg
Cholin	150 mg
Calcium	76 mg
Phosphor	13,5 mg
Rutin	25 mg
Lysin	10 mg
Biotin	20 mcg
Zink	180 mcg
Jod	100 mcg

Dies sind die wesentlichen Bestandteile dieses Pulvers, das ich unter folgende Zutaten mische:

1500 g	rohes Rinderherz
250 g	rohe Rinderleber
500 g	rohe, frische Shrimps (Garnelen)
125 g	gekochten Hafermehlbrei
ca. 50 g	rohe Weizenkeime

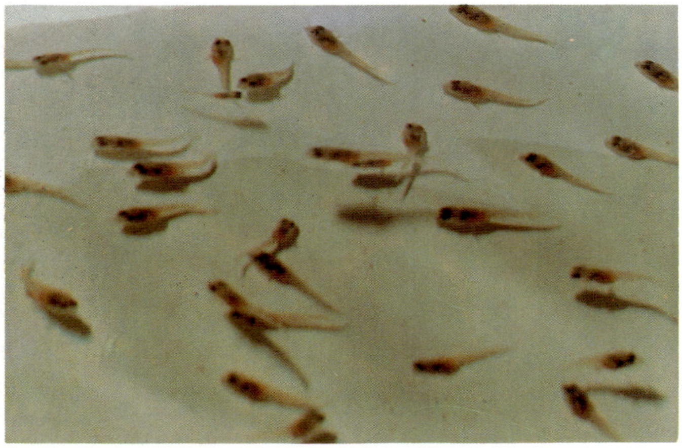

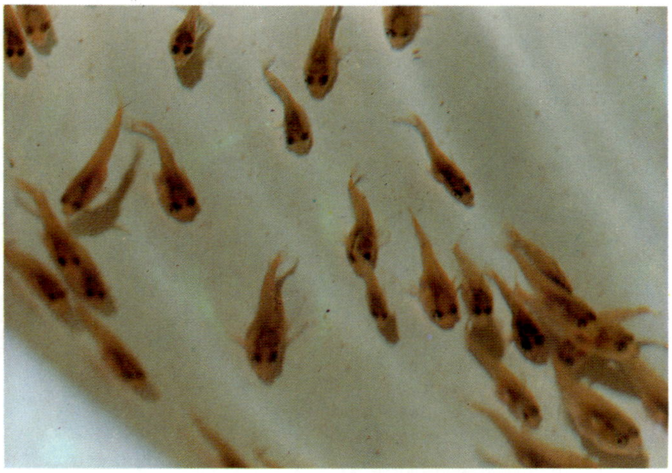

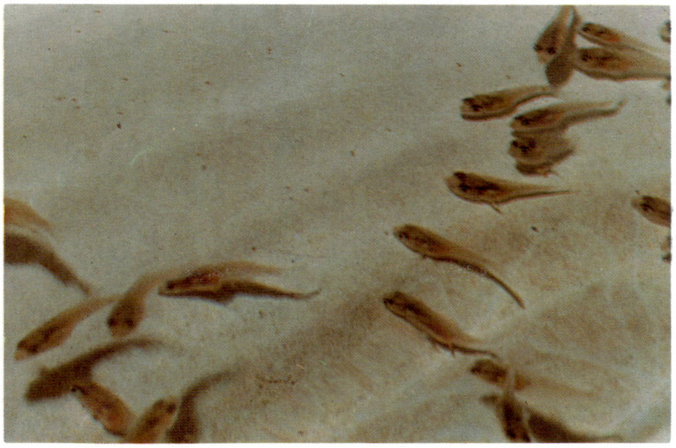

Vorhandene Rotzellen werden durch carotinoidreiche Nahrung, wie Garnelen, Krebseier und Artemia stärker betont.

Das Fett und die Sehnen müssen sehr gründlich aus dem Herz und der Leber entfernt werden. Die Shrimps müssen natürlich geschält verarbeitet werden. Diese Zutaten mixe ich mit dem Hafermehlbrei in einem Mixer oder einer Moulinette. Die Keimlinge und die Vitamine werden danach untergemischt. Der Brei wird in Plastiktüten verstrichen und eingefroren. Dieses Futter verwende ich sehr erfolgreich in meiner Zuchtanlage. Während der letzten Jahre habe ich immer wieder Versuche gemacht wegen des Zusatzes von Gelatine, Käse, gekochtem Spinat, Rindernieren und Muschelfleisch. Alle dies Zutaten können auch mit entsprechender Vorsicht benutzt werden. Auch kann herkömmliches Flockenfutter untergemischt werden.

Anderes Frostfutter, das Diskusfische auch akzeptieren, sind Brine shrimps – ausgewachsene Artemia und rote Mückenlarven. Die Diskus fressen grünliche, bräunliche und orangerote Artemia gerne, doch die schwarze Form wollen sie anscheinend nicht so gern. Man sollte immer größere Packungen von Artemia shrimps kaufen, da diese während des Transports nicht so schnell auftauen. Mit roten Mückenlarven kann man Diskusfische schnell in Ablaichstimmung bringen. Lebende rote Mückenlarven sind das Futter in den Profizuchtanlagen in Hongkong. Weiße Mückenlarven und Wasserflöhe sind lebend schwerer zu bekommen. Doch als gefrorenes Futter sind sie auch nicht zu verachten. Alle diese Futtersorten können dem Diskus gegeben werden.

Alle dieser genannten Futtersorten, auch Rinderherz, gibt es auch gefriergetrocknet. Aber ich, und auch meine Fische, hatten nie ein rechtes Interesse an diesem gefriergetrockneten Futter. Ich habe dieses Futter in meiner Zuchtanlage nie eingesetzt.

In meiner Zuchtanlage habe ich in vier Aquarien mit gleichalten Fischen Tests gemacht, wie sich das Futter auf das Wachstum der Fische auswirkt.

Aquarium 1: Importiertes Flockenfutter
Aquarium 2: Gefrorene, große Artemia
Aquarium 3: Lebende Tubifex-Würmer
Aquarium 4: Mein Mixfutter

Ich benutzte vier Aquarien mt je 50 l Wasser. In jedem Aquarium wurden zehn kleine Diskus untergebracht. Sie waren alle gleich alt und gleich groß. Natürlich hatten sie die gleichen Eltern und stammten aus dem gleichen Gelege.

Alle Aquarien standen nebeneinander, und das Wasser hatte die gleiche Temperatur von 28 °C. Täglich wurden in jedem Aquarium fünfzehn Liter Wasser gewechselt. Drei Futterrationen erhielten die Testfische täglich. Ich beobachtete die Fische, so daß jeder Fisch auch etwas zu fressen bekam.

Eine halbe Stunde nach jeder Fütterung saugte ich die Futterreste ab und ergänzte etwa drei Liter Wasser, das dabei abgesaugt worden war.

Bereits nach vierzehn Tagen waren die Diskusfische verschieden gewachsen. Exakte Angaben waren aber mit bloßem Auge nicht zuverlässig zu machen. Die Diskus der Aquarien drei und vier waren gleich groß. Die Diskus in Aquarium zwei waren etwa ein Viertel kleiner, und die in Aquarium eins gar um die Hälfte zurückgeblieben.

Es gibt auch viele kontroverse Diskussionen über die Verwendung von Lebendfutter für Diskusfische. Sind die Enzyme im Lebendfutter unbedingt wichtig? Spielen die Hormone eine große Rolle? Alles noch offene Fragen. Diese Fragen spielten sicher auch eine Rolle bei der Beurteilung meines Testversuches. Lebendfutter hat sicher auch eine therapeutische Aufgabe. Es fördert den Jagdtrieb der Diskusfische. So halte ich lebende, ausgewachsene Artemia-Krebschen für ein ganz ausgezeichnetes Futter. Hierbei handelt es sich auch um ein bakterienfreies Futter, das kaum Schadstoffe an die Fische abgeben kann. Artemia Brine Shrimps kommen aus den USA, Kanada, Australien und Brasilien. Die Artemiaeier sind in jedem Zoogeschäft erhältlich und leicht auszubrüten.

Nach dem Ausschlüpfen sollten die kleinen Krebschen in ein größeres Aquarium mit einer etwas stärkeren Salzkonzentration überführt werden. Die Salzkonzentration kann mit einem Hydrometer abgelesen werden. Sie sollte zwischen 1.025 und 1.035 liegen. In dieses Salzwasser legen Sie einen Ausströmerstein, damit die Krebschen genügend Bewegung haben. Auch sollte das Aquarium normal beleuchtet sein. Ich lasse das ganze Jahr über Artemia-Krebschen schlüpfen und halte sie in direktem Sonnenlicht.

Die Wasserhöhe im Aquarium sollte allerdings 25 Zentimeter nicht übersteigen. Im Sommer dürfen die Krebschen ohne weiteres bei 30 °C gehalten werden. Unter 20 °C sollte die Temperatur allerdings nicht fallen, sonst fressen die Krebschen schlechter.

Ich füttere die Krebschen mit Bäckerhefe. Aber es darf nur soviel Hefe zugefügt werden, daß im Wasser keine Schleier zu sehen sind. Keinesfalls darf das Wasser trübe werden.

Mit dem Wachstum der Krebschen nimmt auch der Bedarf an Hefenahrung zu. Täglich müssen sie gefüttert werden. Doch aufpassen, daß das Wasser durch Überfütterung nicht trübt! Durch Überfütterung kann es schnell zum totalen Zusammenbruch der Futterkultur kommen.

Unter optimalen Hälterungsbedingungen können die Krebschen in etwa achtzehn Tagen eine Größe von einem bis eineinhalb Zentimetern erreichen.

Auch Bachflohkrebse aus dem Süßwasser können leicht in einem Aquarium gezüchtet werden. Starterkulturen gibt es im Fachhandel. Auch Mikrowürmer sind so erhältlich und ein gutes Futter für Jungfische.

Bachflohkrebse sind etwas kleiner als ausgewachsene Artemia-Krebschen. Sie haben aber eine härtere Schale. Sie sind ein ideales Futter für Diskusfische.

Bachflohkrebse-Gammarus bevorzugen hartes, alkalisches Altwasser. Als obere Temperaturgrenze sollten 25 °C angesehen werden. Ein kleiner, einfacher Schwammfilter sollte in das Aquarium mit der Bachflohkrebszucht eingesetzt werden. Als Futter kommen Spinat- oder Salatblätter, aber auch Flockenfutter in Frage. In einem 50-Liter-Aquarium reicht ein Teelöffel Spinatflokken für etwa 50 ausgewachsene Gammarus

Dieser kleine Diskus im Alter von vier Monaten ist in der Körpergröße zurückgeblieben. Gut sichtbar ist das durch das im Verhältnis zum Körper zu große Auge.

völlig. Eine Fütterung pro Woche ist ausreichend. Mit etwas Gefühl und Glück läßt sich eine solche Bachflohkrebszucht erfolgreich durchführen.

Mikrowürmer sind ein hervorragendes Futter für sehr kleine Diskus. Gleich im Anschluß an die Artemia-Nauplien-Fütterung kann die Verfütterung von Mikro erfolgen. Ich will Ihnen einmal schildern, wie ich diese Mikrowürmer züchte. Die gekaufte Starterkultur kommt in ein großes, flaches Glas oder in eine Plastikschale. Allerdings ist ein gut schließender Deckel erforderlich. In diesen Deckel mache ich vorsichtig kleine Luftlöcher.

Der Mikrowurmansatz wird auf einen Brei von drei Eßlöffeln gekochtem Hafermehl gelegt. Dazu gebe ich eine Messerspitze Bäkkerhefe. Die lebendgebärenden Würmchen vermehren sich schnell in diesem Nährbrei. Sie krabbeln dann schnell an den Rand des Gefäßes. Dort können sie mit einem Messer abgeschabt und verfüttert werden. Am Anfang ist die Kultur sehr hell in der Farbe. Nach einiger Zeit wird die Farbe dunkler. Jetzt schlängeln sich die Würmer durch die ganze Dose oder Schüssel. Nach etwa vier Wochen ist die Kultur sehr dunkel und jetzt wird es Zeit, eine neue Mikrowurm-Kultur anzusetzen. Die neue Kultur wird mit einem Teelöffel der alten Kultur geimpft. Schnell wachsen die Würmchen wieder nach.

Enchyträen, in den USA als weiße Würmer bezeichnet, sind ein sehr gutes Lebendfutter. Sie werden bis etwa zwei Zentimeter lang. Enchyträen wurden und werden in Europa gerne an Zierfische verfüttert. In den USA haben sie sich leider nicht so durchgesetzt. Jahrelang war zu lesen, daß die tägliche Fütterung mit Enchyträen dazu führen würde, daß die inneren Organe, wie zum

Beispiel die Leber, der Fische verfetten würden und es zu Krankheiten kommen könnte. Auch eine Sterilität könne bei den Fischen eintreten, wurde behauptet. Ich habe sehr viele Diskuszüchter kennengelernt, die große Mengen von Enchyträen an ihre Fische verfütterten, ohne daß diese irgendwelche Schwierigkeiten bekommen hätten.

Erwachsene Diskus züchten ganz normal, trotz starker Enchyträenfütterung. Junge Diskus bekommen eine schöne Farbe und wachsen gut.

Enchyträen können in geschlossenen Schachteln, Kisten oder Styroporboxen kultiviert werden. Die ideale Größe ist vielleicht 30 × 30 cm mit einer Höhe von 12 cm.

Die Kiste sollte mit einer Erdschicht von etwa acht Zentimetern Höhe gefüllt werden. Die Erde muß feinkrümelig, locker und sauber sein. Die Erde sollte feucht, aber nicht naß sein. Auf genügend Feuchtigkeit während der gesamten Kulturzeit muß geachtet

Kreuzungsvariante, die farblich nicht überzeugen konnte.

werden. Die Idealtemperatur liegt um 15 °C. Die Erde kann mit Plastik oder Glasscheiben abgedeckt werden. Der ideale Standpunkt ist ein diffuses Halbdunkel.

In meinem Fall füttere ich die Enchyträen nicht mit dem üblichen Mehl- oder Haferflockenbrei, sondern mit Spinat. Ich lege etwas Spinat an den Rand der Kulturen. Dieser Spinat wird gerne von den Würmern gefressen. So kann ich die benötigte Futtermenge auch gut beobachten. Die richtige Futterdosierung sorgt dafür, daß die Erde nicht sauer wird. Alle zwei Monate tausche ich ein Drittel der Erde gegen frische Erde aus.

Ein anderes gutes Diskusfutter sind Regenwürmer. Diese Regenwürmer können ebenfalls wie Enchyträen gezüchtet werden. Die Kiste sollte nur doppelt so groß sein, wie vorher beschrieben. Die Zucht klappt auch recht gut. Allerdings müssen Regenwürmer in Stücke geschnitten werden, denn sonst sind sie zu groß für Diskusfische. Wer diese Würmer nicht selbst züchten will, kann sich leicht welche im Angelshop kaufen.

Der Diskusliebhaber hat somit eine große Menge verschiedenen Futters zur Verfügung. Bliebe die Überlegung, wieviel und wie oft Diskusfische Futter bekommen müssen.

In meiner Zuchtanlage bekommen junge Diskus, gemeint sind die kleinen, einige Tage alten Diskus, frisch geschlüpfte Artemia. Diese Artemia bekommen sie, wenn sie eine Woche alt sind und während dieser Woche bereits das Eigelbmix gefressen haben. Über dieses Eigelbmix, das ich benutze, wird an anderer Stelle noch geschrieben.

Da nicht alle Kleinkrebschen zur gleichen Zeit schlüpfen, lasse ich nach dem Schlupfbeginn noch etwa acht Stunden lang die Artemiaeier nachreifen, um sicher zu gehen, daß jetzt alle Krebschen geschlüpft sind. Da nach einer Woche noch nicht alle Diskusfische in der Lage sind Artemia zu fressen, füttere ich noch für einige Tage das Eigelbmix, zusammen mit den Artemia. So kann sich jeder Jungfisch sein gewünschtes Futter heraussuchen. Sobald ich aber feststelle, daß alle Jungfische jetzt die Artemia-Krebschen fressen, stoppe ich mit der Eigelbfütterung. Mindestens viermal täglich erhalten die Jungfische die Kleinkrebse angeboten.

Dies sorgt dafür, daß fast immer genug frische Artemia in dem Aquarium herumschwimmen. Die ständige Futterversorgung ist dann besonders wichtig, wenn Diskusfische künstlich, und somit ohne die Eltern, aufgezogen werden.

Eine Gruppe junger Wattley Türkis Diskus.
Unten links Enchyträen aus einer gut funktionierenden Zuchtkiste.
Rechts unten ein Streifentürkis, dessen Farbe noch nicht überzeugt.

Die Futterversorgung muß während des gesamten Zeitraumes der Aquarienbeleuchtung funktionieren. Nur während der Nachtpause wird die Fütterung unterbrochen.

Eine Stunde nach der letzten Fütterung wird der Bodengrund des Aufzuchtaquariums abgesaugt. Frischwasser wird zur Ergänzung verwendet. Besonders ist darauf zu achten, daß leere Artemiaschalen entfernt werden, da die kleinen Diskus diese Schalen fressen könnten. Da diese Eierschalen nicht verdaulich sind, kann es zu großen Verdauungsproblemen kommen. Diese Verdauungsstörungen können sogar tödlich verlaufen. Also ist bereits beim Absaugen der geschlüpften Jungkrebse streng auf sauberes Absieben zu achten.

Zusätzlich können zu dieser Zeit schon Mikrowürmer als Beifutter angeboten werden. Auch kleinere Wasserflöhe dienen schon bald als Futter. Ab einer Größe von drei Zentimetern verfüttere ich schon viel geschabtes Herz. Für kleinere Diskus kann das Herz fein geschabt werden und sogar durch ein grobes Leinentuch ausgedrückt werden. So erhalten die Fische fast ein Staubfutter.

Nach einigen Wochen des Verfütterns von Herzmix können Enchyträen in den Speiseplan aufgenommen werden.

Auch Flockenfutter, pur oder gemischt mit dem Herz, ergänzt den Futterplan. Ebenso werden Mückenlarven, wenn möglich gezüchtete, schnell von den Diskus als Futter akzeptiert. Besonders wertvoll sind die Larvenpuppen.

Während dieses Stadiums bekommen die Diskus vier- bis fünfmal Futter. Ab einer Größe von etwa sieben Zentimetern reduzieren sich die Mahlzeiten auf dreimal täglich. Ältere und ausgewachsene Diskus füttere ich zweimal täglich.

Eine der zwei täglichen Fütterungen enthält mein Herzmix. Dieses Herz muß vorsichtig und mit Bedacht verfüttert werden. Durch Futterreste bilden sich schnell Bakterien, die das Wasser belasten.

Gerade in warmem Wasser kommt es durch Herz oder Leber zu Bakterienexplosionen. Rohes Herz sollte vorher ausgedrückt werden, damit Blutreste nicht in das Wasser kommen.

Links ein „Royal blue" Nachzuchttier aus Wattleys Zuchtstamm. Diese Linie ist besonders bullig.

Erwachsene Diskusfische brauchen eine Viertelstunde, um gemütlich zu fressen. In den ersten Minuten nehmen sie das Futter gut auf, dann beginnen sie Futter aufzupikken und wieder auszuspucken. Futterreste müssen unbedingt nach der Fütterung wieder abgesaugt werden.

Die zweite Portion Futter für die Alttiere kann Shrimps, ausgewachsene Artemia, Enchyträen oder Regenwürmer enthalten. Auf jeden Fall muß diese Fütterung rechtzeitig, bevor das Licht erlöscht, durchgeführt worden sein. Die Fische müssen Zeit genug haben, alles Futter in Ruhe aufzunehmen.

Anschließend sind die Futterreste wieder abzusaugen. Geschieht dies nicht, könnten die Diskus dieses verdorbene Futter am nächsten Tag fressen und Schaden erleiden.

Es ist unnötig, das Licht für 24 Stunden täglich brennen zu lassen. Manche Diskuszüchter tun dies und benutzen auch ein Nachtlicht. Eigentlich ist dies völlig unnötig. In der Natur haben es die Fische ja auch für einen langen Zeitraum völlig dunkel. Sind die Lichter in meinen Zuchträumen einmal ausgeschaltet, werden sie nicht mehr eingeschaltet bis zum nächsten Tag. So haben die Diskusfische ihre Ruhe.

Noch einmal zu den Tubifex-Würmern. Die Fütterung dieser Würmer ist sehr umstritten. Einerseits sagt man den Tubifex

Nachzuchtkreuzung aus Braunem und Blauem Diskus.

nach, daß sie Krankheiten auf die Diskusfische übertragen und mit Schwermetallen verseucht sind. Andererseits ist es das Futter, das Diskusfische am schnellsten in Laichstimmung versetzt. Auch wachsen Jungfische mit diesem Futter besonders gut. Was soll man also machen? Ich glaube, daß man Tubifex-Würmer durch eine ausgewogene Nahrungspalette gut ersetzen kann.

Tubifex kommen aus stark belasteten Gewässern. Sie sind sicher voll mit Bakterien. Das sehr warme Wasser im Diskusaquarium beschleunigt diese Bakterienvermehrung. Bleiben dann ungefressene Tubifex länger im Aquarium liegen, ist dies sehr schlecht. Diskusliebhaber sollten deshalb Tubifex-Würmer vom Speisezettel der Diskusfische streichen.

Albino Diskus

Diskuskauf

Der Diskusliebhaber ist jetzt bereit, seine „D-Mark, Yen, Dollar oder Franc" auszugeben. Er möchte jetzt Diskusfische kaufen. Diskusfische sind nicht billig, deshalb möchte der Liebhaber vorsichtig zu Werke gehen und bei der Auswahl auf besondere Faktoren achten. Wollen Sie die Diskusfische in ein Gemeinschaftsaquarium setzen, dann werden Sie diese Fische mehr nach der Farbenpracht kaufen. Verschiedene Farbschläge werden dann meist vermischt, um den Besatz möglichst „bunt" zu gestalten.

Wenn Sie aber vorhaben, die Diskusfische, die Sie jetzt kaufen, auch einmal zur Zucht zu bringen, dann sollten Sie streng darauf achten, Fische des gleichen Farbschlages zu erwerben. Auch eine ungefähr gleiche Größe wäre wichtig. So kommt es später nicht zu „Zurückbleibern".

Im Zoogeschäft sollte der Inhaber Auskünfte über die Fische geben können. Zum Beispiel woher sie stammen und wielange sie schon im Aquarium des Zoogeschäftes schwimmen. Es wäre auch wichtig zu wissen, wieviele Fische aus dem gleichen Aquarium herausverkauft wurden. Denn die Aquarianer kaufen immer zuerst die größten Fische. Meist sind die größten Diskus eines Schwarmes auch immer die Männchen. Kaufen Sie also nicht nur die größten, sondern auch einige mittelgroße Diskus aus dem gleichen Wurf.

Es ist fast überflüssig zu sagen, daß der Diskus, den man kaufen will, eine gesunde, natürliche Farbe haben sollte. In jedem Falle sollten Sie keine dunkel, fast schwarz gefärbten Fische kaufen, denn diese sind nicht in Ordnung.

Ein gesunder Diskus hat eine gleichmäßig helle Farbe und die neun Vertikalstreifen sind nur ein Zeichen von Streß, Angst oder

Unterlegenheit gegenüber einem Gegner. Auch gesunde Diskus zeigen ab und zu diese Streifen. Der Streifen, der über das Auge geht, ist sowieso immer stärker sichtbar.

Die Augen der Diskusfische sollten klar und die Iris rot sein. Auch eine gelbe oder orangefarbene Iris ist möglich. Die Farbe hängt etwas von der Zuchtform ab. Meine Wattley-Diskus haben immer eine rote Augenfarbe.

Der Käufer sollte keine Angst haben wegen Flossenschäden. Eine leichte Temperaturerhöhung von 20 °C auf 30 °C und eine Zugabe von einem Teelöffel Speisesalz auf 10 Liter Wasser sorgen schnell für eine Wiederherstellung der Flossen in ihre ursprüngliche Schönheit. Außerdem ist es sowieso sehr gut, während der ersten Tage nach dem Umsetzen die Fische bei einer Mindesttemperatur von 30 °C zu hältern.

Durch diese Temperaturerhöhung werden die Fische aktiver, der Kreislauf wird angeregt und die Nahrungsaufnahme klappt besser. Ich achte bei jedem Diskuskauf darauf, ob der Diskus ausgemergelt aussieht. Dies sieht man am besten von vorne an der Kopfpartie. Die Kopfpartie darf auf keinen Fall eingefallen wirken. Der Gesamteindruck der Kopfpartie muß zum Körper passen. Alles soll etwas abgerundet wirken.

Diskusfische sollten idealerweise immer mit leerem Magen transportiert werden. Das ist besonders wichtig, da es sonst zu Verdauungsstörungen kommen kann. Diese Verdauungsstörungen werden verstärkt durch die unterschiedlichen Wasserverhältnisse zwischen dem Aquarium des Vorbesitzers und dem des neuen Besitzers. Zwischen diesen beiden Aquarien können doch erhebliche Differenzen in der Zusammensetzung des Bakterienhaushaltes bestehen.

Viele Großhändler und Zoohändler halten ihre Diskusfische gerade bei eben 24 °C, um Energie einzusparen. Diskus bevorzugen aber eine Temperatur von durchschnittlich 28 °C. Deshalb soll die Temperatur des Transportwassers an die Temperatur des neuen Aquariums angeglichen werden.

Auch eine pH-Wert-Angleichung sollte sorgfältig durchgeführt werden. Ich frage meine Käufer immer nach ihrem pH-Wert im Aquarium zu Hause. Da ich die Diskus bei 6.8 bis 7.2 halte, ist dies für den Käufer wichtig zu wissen. So kann er sein Aquarienwasser zu Hause schon etwas auf meinen pH-Wert einstellen.

Links ein dreijähriges Männchen aus einer chinesischen Zucht, unten Hybridform aus Braunem und Blauem Diskus.

Da ich in Amerika meine Fische auch oft verschicke, empfehle ich dem Empfänger eine pH-Wert-Kontrolle im Versandbeutel durchzuführen. Der pH-Wert verändert sich etwas während des Versands. Diese pH-Wert-Veränderung im Versandbeutel muß unbedingt beachtet werden beim Umsetzen in das neue Aquarium.

Der pH-Wert im neuen Aquarium kann dann langsam, innerhalb einiger Tage, wieder auf den gewünschten Wert eingestellt werden.

Eine Differenz in der Wasserhärte zwischen dem Aquarium des Verkäufers und dem des Käufers ist von untergeordneter Bedeutung. Wohnt der Käufer im gleichen Ort wie der Verkäufer, dürfte die Wasserqualität etwa die gleiche sein. Jedenfalls können Diskusfische von hartem in weiches Wasser umgesetzt werden oder auch umgekehrt.

Das unten abgebildete Tier hatte Verwachsungen, die sich allerdings nicht vererbten.

Rechts ein junger Diskus mit sehr guter Körperform. Ausgewachsen dürfte dieser Diskus besonders rund und bullig wirken.

Diese Wechsel werden keinen Einfluß auf die Fische haben.

Einige andere Faktoren werden die umgesetzten Fische schon stärker beeinflussen. Da wäre die Beleuchtung. Diskus wollen kein sehr helles Licht. Wird helles Licht benutzt, muß sich der Diskus erst daran gewöhnen. Zu diesem Zweck könnte das Licht anfangs etwas gedämpft werden.

Andere Fische, die mit dem Diskus zusammen gehalten werden, können ihn erheblich stören. Besonders nachtaktive Fische, die nachts fressen und umherschwimmen, stören die Nachtruhe dieser ruhigen Fische.

Der Diskus zeigt sein Unwohlsein durch die neun vertikalen Streifen. Sind diese deutlich zu sehen, dann fühlt er sich nicht so wohl. Unter normalen Umständen ist die Akklimatisation des neu gekauften Diskus nicht schwer, und er wird dann schnell seine neun vertikalen Streifen nicht mehr so oft zeigen. Dies ist dann ein Zeichen, daß er sich eingewöhnt hat.

Kleinen Diskusfischen einer Größe von drei bis sechs Zentimetern sollte etwas mehr Zeit gegeben werden sich einzugewöhnen. Am besten füttern Sie diese erst am nächsten Tag. Auch empfiehlt es sich, bei Diskusaquarien eine Abdeckung zu verwenden, denn Diskusfische, die unter Streß stehen, springen auch aus dem Aquarium.

Zu Hause sehen die neuen Diskus nicht gerade farbenprächtig aus. Aber das ist normal, besonders wenn sie nicht mit Hormonen gefüttert wurden. Da muß man schon etwas Vertrauen zum Verkäufer haben. Es dauert eine ganze Zeit bis kleine Diskus etwas mehr Farbe zeigen. Gerade mit kleinen Diskus wurde viel Schindluder getrieben. was die Farbe angeht. Viele kleine Braune Diskus wurden schon mit Hormonen umgefärbt. Oft weiß dies auch der Händler nicht.

Es gibt keinen anderen tropischen Jungfisch, der so leicht zu manipulieren wäre, wie ein Diskus.

Hat der junge Diskus einmal ein Alter von etwa sechs Monaten erreicht, dann läßt sich seine spätere Farbenpracht zuverlässig erkennen. Kauft der Diskusliebhaber seinen Diskus in diesem Alter, muß er, logischerweise, viel mehr für diesen Fisch bezahlen, aber das kann es schon wert sein, zu warten.

Wollen Sie absolut sicher sein, wie der Diskus später als erwachsener Fisch einmal aussehen wird, dann müßten Sie nur ausgewachsene Diskus kaufen. Bei ausgewachsenen Fischen von zwölf bis fünfzehn Monaten zeigt sich jede Veranlagung und Farbe.

Jetzt sind es absolut geschlechtsreife Diskus, die auch ihre volle Farbe entwickelt haben sollten. Auch das Wachstum ist zu diesem Zeitpunkt beendet. Diese ausgewachsenen Diskus stehen in ihrer vollen Schönheit im Aquarium.

Über das Ablaichen

Warum laichen meine Diskus nicht? Das ist wirklich eine gute Frage, die mir immer und immer wieder von Diskuszüchtern gestellt wird, die sich wundern, daß kein Laichvorgang stattfindet. Die Antwort auf diese Frage kann entweder sehr einfach oder sehr kompliziert sein. Ist der Wasserhaushalt in Ordnung? Sind wirklich ein Männchen und ein Weibchen im Becken? Ist deren Alter entsprechend? Wie steht es mit der Beckenbeleuchtung und deren Standort? Wird das richtige Futter gefüttert?

ist sichergetsllt, daß man zumindest ein Paar hat, das laicht, obwohl keine volle Garantie gegeben werden kann, daß beiderlei Geschlechter im Becken sind.

Ist es also möglich, sexuelle Unterschiede frühzeitig festzustellen? Es ist möglich, aber nicht sehr wahrscheinlich. Vor einigen Jahren hatte ich Diskusexperten bei mir, die jedes Becken untersuchten, Studien machten, die Fische untersuchten und mir letztendlich ihr Ergebnis präsentierten. In 42 Prozent der

Im allgemeinen müßten Diskus ca. zwölf Monate alt sein, bevor Laichvorgänge einsetzen. Meine Türkisdiskus z. B. waren bereits fünfzehn Monate bzw. sogar achtzehn Monate alt, bevor sie erstmals ablaichten. Eine Möglichkeit, diesen Vorgang von außen zu steuern, ist es, sechs oder acht Diskus von zehn bis zwölf Monaten in ein Becken mit wenigstens 150 l Wasser zu setzen. Somit

Fälle hatten sie recht, doch ich glaube, daß mehr oder weniger geraten wurde!

Diese Experten stellten u. a. fest, daß die Männchen aggressiver sind als die Weibchen. Ein geschlechtsreifes Weibchen ist in den meisten Fällen kriegerischer und vorherrschender als das Männchen. In einem Becken mit sechs oder acht ausgewachsenen Diskus wird sich das geschlechtsreife

Weibchen seinen Partner selbst suchen. Bei der Aufzucht wird es das Weibchen sein, das das Männchen leitet, und sollten andere Fische im Becken sein, wird es auch das Weibchen sein, das seine eigene Brut vorherrschend verteidigt.

Die physischen Unterschiede zwischen den Diskus sind mannigfaltig, so daß hier eine Unterscheidung des Geschlechtes möglich ist. Wenn man drei oder vier Paare hat, ist es gut möglich, daß die Männchen farbenprächtiger als die Weibchen sind, und auch andere Formen der Flossen und Lippen aufweisen. Wenn jedoch mit einer großen Anzahl von Zuchttieren gearbeitet wird, bedeuten diese Unterschiede sehr wenig. Allgemein ist es jedoch so, daß die Männchen farbiger sind und auch größer. Jedoch habe ich auch einige Weibchen, die farbiger und größer sind, als ihre männlichen Partner.

Bei Beginn des Laichaktes vergrößert sich die Laichröhre des Fisches, und erst dann kann das Geschlecht genau unterschieden werden. Die Röhre des Weibchens (Ovipositor) wird ca. 3 mm groß und schwillt auf, wogegen die des Männchens kürzer und spitz ist. Nach dem Laichvorgang schiebt sich die Röhre zurück in den Körper der Fische.

Sobald die Wasserverhältnisse und Futterbedingungen gut sind und die Fische in einer ausgezeichneten Kondition stehen, kann der Züchter damit rechnen, daß sie zum Laichen alt genug sind. Welche anderen Faktoren wären noch zu berücksichtigen? Ich denke, daß die Beckengröße, der Beckenstandort, die Beleuchtung und auch die möglichen Belästigungen von außerhalb eine große Rolle spielen, jedoch bleibt immer die Fütterung und das Wasser maßgebend. Natürlich zählt für die Fische das Überleben mehr, als die Vermehrung, wenn sie dauernd gestört werden und somit wäre keine Fortpflanzung möglich.

Meine Zuchtbecken sind mit ca. 100 l Wasser gefüllt, was ich angepaßt finde. Tatsache ist aber, daß sich Diskusfische gut an die Bedingungen anpassen können. Ein Zuchtpaar wird sich normalerweise eine Ekke des Beckens suchen und diese als eigenes Territorium betrachten. Dies wird dann ihr Bereich sein, wobei sie den Rest des Bekkens ignorieren werden. Vorausgesetzt, daß regelmäßige Wasserwechsel vorgenommen werden, ist es nicht notwendig, daß man nur ein Paar in ein sehr großes Becken setzt. Wenn auf der anderen Seite allerdings beabsichtigt wird, die Eier wegzunehmen und künstlich aufzuziehen, ist es nützlich, ei-

Bei der unten abgebildeten Heckelkreuzung trat die Schwarzfärbung vermutlich druch Verbrennung auf.

nige Paare in ein größeres Becken einzusetzen, so daß jedes Paar genug Platz und einen eigenen Bereich hat.

Bezüglich des Beckenstandortes habe ich schon erfolgreiche Züchter gesehen, die die Becken auf den Boden stellen (vor allem in Hongkong). Grundsätzlich gilt zu sagen, daß der beste Standort derjenige ist, wo ein leichter Service möglich ist.

Viele Hobbyzüchter haben ihre Erfolge mit einer Reflektionslampe erzielt, die genau auf die Eier gerichtet war. Das Gegenteil habe ich in Bangkok/Thailand gesehen, wo die Züchter die Räume mit den Diskus vollkommen dunkel hielten. Sind aber die Paare bei guter Gesundheit, werden sie normalerweise bei jeder Bedingung laichen. Wenn man plant, den ganzen Raum zu beheizen, muß man auf den Standort des Beckens besonders achten. Bei einer Raumtemperatur von 25 °C wird oben die Temperatur bald 28 °C oder mehr Grad betragen und unten am Boden 22 °C. Mit anderen Worten heißt das, daß alle Becken in einer

Dieses Diskuspaar hat seine Eier sauber und gleichmäßig auf eine Steinplatte gelegt. Die Fische bewachen und befächeln das Gehege. Solche harmonische Paare garantieren einen Zuchterfolg.

gewissen Höhe und in einiger Entfernung von Heizkörpern stehen sollten, damit die Fische die richtige Temperatur haben.

Vor einigen Jahren habe ich meine Zuchtanlage umgebaut und während dieses Zeitraumes waren die Bedingungen chaotisch. Offensichtlich ließen sich die Fische aber nicht von Bodenarbeiten mit einigen Vibrationen stören und auch nicht vom dauernden Öffnen und Zuschlagen der Türen. Trotz all dieser Belästigungen haben die Fische weiterhin ganz normal ihre Brut aufgezogen und auch normal gefressen.

In allen meinen Glasbecken gibt er nur einen kleinen Schwammfilter und ein kleines Plastikstück (Röhrchen) zum Laichen. Viele Züchter benutzen Tonvasen und Stücke aus

rostfreiem Stahl zum Laichen. Man kann sein Zuchtbecken aber auch mit Schwertpflanzen aus dem Amazonasgebiet (Echinodorus) zwischen den Tonvasen ausfüllen. Oft legen die Diskus nämlich ihre Eier auf die Blätter dieser Pflanzen. Da Diskus jedoch Fische sind, die ihre Eier gern auf hartem, flachen Boden diagonal oder vertikal legen, ist dies eine Gewöhnungssache. Lebendpflanzen können eine gute Laichunterlage sein, wie auch Holzstücke oder Baumwurzeln.

Wenn der Züchter plant, die Eier künstlich aufzuziehen, sollte das Hilfsmittel zum Laichen kleiner sein, wie z. B. die Tonvasen oder Plastikröhrchen. Natürlich ist es frustrierend, wenn man sich alle Mühe gibt, und die Fische legen die Eier dann auf einen Syphon oder sogar auf ein Heizrohr. Ich bin der Meinung, daß die Plastikröhrchen oder die Streifen aus rostfreiem Stahl am besten geeignet sind, weil sie nicht wie die Tonvasen porös sind und keine Bakterien durchlassen können.

Soweit wäre jetzt alles in Ordnung, und trotzdem laicht der Diskus nicht. Sind zwei Fische in dem Becken und mit Sicherheit ein geschlechtsreifes Paar, kann es notwendig werden, eines dritten Fisch gleicher Größe in das Becken zu setzen. Ein kleinerer Fisch würde total ignoriert werden, aber ein größerer könnte dominant werden und den Laichvorgang beeinflussen. In vielen Fällen wird das Einsetzen eines dritten Fisches das Laichverhalten ändern und ein bislang lethargisches Paar aufrütteln. Dieses wird dann seinen Bereich markieren und sich von dem neuen Fisch absetzen. Von diesem Moment an sollte jede Fütterung direkt über der möglichen Laichecke erfolgen, so daß das Gebiet vor dem „Feind" geschützt und verteidigt werden muß.

Natürlich muß dieser dritte Fisch aus gesundheitlichen Gründen für ihn selbst aus dem Becken genommen werden. Bis zu dieser Zeit ist aber das andere Paar genügend stimuliert, um zu laichen. Der einzelne Fisch muß unbedingt rechtzeitig aus dem Becken genommen werden, da die Brut des Paares wild jeden erwachsenen Diskus anschwimmt, um gefüttert zu werden, egal ob Elternfisch oder fremder Fisch.

Eine andere Methode, um den Laichvorgang zu beschleunigen, ist ein Wechseln des Futters oder des Wassers. Oft hat man ja nur sehr eintöniges Futter, gefrorene Shrimps oder Rinderherz. Das Füttern von lebenden Shrimps oder Würmern kann Wunder wirken.

Fehlt ein geeignetes Laichsubstrat, benutzen die Diskus auch einmal die Scheiben als Ablagefläche. Die Gelege werden von guten Paaren immer bewacht und befächelt.

Auch das Erhöhen oder Erniedrigen des pH-Wertes kann den Vorgang beschleunigen. Wenn man bedenkt, daß der normale pH-Wert 6,5 beträgt und man 25prozentige Wasserwechsel zweimal die Woche vornimmt, kann man auf weitere Wasserwechsel für zwei Wochen verzichten, vorausgesetzt man entfernt überschüssiges Futter und Kot während dieser Zeit. Nach zwei Wochen ist dann jedoch ein größerer Wasserwechsel fällig. Mindestens ein Drittel des Wassers muß gewechselt werden, wobei darauf zu achten ist, daß das neue Wasser einen pH-Wert von 6,5 hat, höchstens jedoch 7,0 bis 7,4. Dieses neue Wasser kann ebenfalls den Vorgang verändern und als Stimulierung wirken.

Das alles ist aber keine Garantie zum Laichen, kann aber in vielen Fällen Erfolge zei-

Ein Zuchtpaar von „Royal blue" Diskus, das bei Sonneneinstrahlung fotografiert wurde, deshalb die unterschiedlichen Lichtverhälnisse.

gen. Nach meiner Erfahrung bringt das Einsetzen eines dritten Fisches mehr Erfolg als dauernde Wasserwechsel.

Ungeachtet der angewandten Methode müssen wir für einen völligen Erfolg viele Faktoren beachten: die Kondition der Fische, die Bedingungen des Wassers und die des Futters. Viele Züchter haben trotz schlechten Wassers zeitweise Erfolge, verlieren aber nach einigen Rückschlägen die rechte Lust.

Wenn wir jetzt davon ausgehen, daß alle Bedingungen gut sind, was müssen wir dann bei den geringsten Anzeichen beachten? Nervöse Fische werden normalerweise eine schlechte Brut haben, so daß man ein Erschrecken vermeiden muß. Die Fische sollten an die Oberfläche schwimmen,

wenn Futterzeit ist und sollten nicht erschrecken.

Die Paare sollen sich ihre Ecke suchen und mögliche Feinde vertreiben. Sie werden sich mit dem Flossen befächeln und tanzen. Der Kopf wird diese Bewegungen leicht mitmachen.

Die Flossen verfärben sich jetzt schwarz oder dunkelgrau. Die normale Färbung des Kopfes ändert sich in hellbraun. Jetzt merkt man, daß das Ablaichen bevorsteht. Der Laichgrund wird von Männchen und Weibchen gleichermaßen bearbeitet und gesäubert, der Laichtopf in die richtige Stellung gebracht, was oft bis zu zwei Stunden andauert. Es gibt aber auch Paare, bei denen man keine Vorbereitungen sieht, und die dann gleich ablaichen.

Der Laichvorgang dauert ungefähr eine Stunde und hoffentlich ist ein Männchen bereit. Natürlich gibt es seltene Fälle, wo zwei Weibchen gleichzeitig laichen, und die Eier dann natürlich unbefruchtet bleiben. Die Unterscheidung ist in der Laichzeit immer aufgrund der Röhre bei Männchen und Weibchen möglich. Der Laichvorgang darf auf keinen Fall, z. B. durch Fütterung, gestört oder unterbrochen werden, da man sonst unbefruchtete Eier als Resultat erhält.

Sobald das Weibchen die Eier ablegt, werden sie vom Männchen befruchtet. Ca. 15 Eier kommen pro „Durchgang" aus der Röhre des Weibchens. Die Eier sind etwa 1 mm groß, bernsteinfarben oder gelb/grau. Manche Weibchen haben auch klare Eier. Vor einigen Jahren hatte ich ein Paar, das hellrote Eier legte. Die Eltern waren keine roten Diskus, sondern Symphysodon aequifasciatus axelrodi (braun), die ich in Thonburi/

Thailand gekauft habe, die aber lange mit Macrobrachium-Krebsen gefüttert wurden, woher sie ihre rote Farbe hatten. Später wurde die rote Farbe immer schwächer.

In manchen Fällen weigert sich das Männchen, die Eier zu befruchten. Dann muß man natürlich versuchen, einen geeigneteren Gefährten für das Weibchen zu finden. In anderen Fällen frißt das Männchen die Eier häufig. Das Fressen der Eier passiert zum Glück meist nicht sofort, so daß man sie rechtzeitig retten und künstlich aufziehen kann.

Das Eierfressen hat nichts damit zu tun, daß die Fische hungrig sind, jedoch kann das Wasser daran schuld sein. Nach dem Legen kümmern sich die Eltern gut um die Brut – zumindest für eine Weile, während sie sie befächeln. Einige Züchter meinen, daß sie dabei Sauerstoff zufächeln, aber wahrscheinlich ist es, Pilze und Bakterien am Eindringen zu hindern.

Wenn man nicht vor hat, die Eier künstlich aufzuziehen, kann man nichts tun, als beobachten und warten. Wenn ein Fisch eine zu große Rolle spielt und den anderen total in den Hintergrund drängt, sollte man den schwächeren Fisch auf alle Fälle aus dem Becken nehmen. Der verbleibende Fisch, egal ob Männchen oder Weibchen, wird sich um die Brut kümmern. Jedoch ist eine Aufzucht von beiden Elternteilen auf jeden Fall vorzuziehen.

Innerhalb von 52 Stunden werden sich die Eier bei einer Temperatur von 28 °C entwickeln. Die Eier, die sich während dieser Zeit nicht richtig entwickeln, werden gefressen, was natürlich ist. Oft verschwindet die Brut jetzt, weil die Elterntiere sie von einem Ort zum anderen trägt. Sie tragen sie oft in eine dunkle Ecke des Aquariums, was nur eine Vorsichtsmaßnahme gegen Feinde darstellt.

Nach 72 Stunden, je nach Wassertemperatur, schwimmt die Brut frei. Sie werden ausschließlich von der Haut der Eltern ernährt und schwimmen sie dauernd an.

Diskusgelege, das mit Methylenblau gegen Bakterien behandelt wurde, daher die leichte Blaufärbung.

Meist ist diese Haut gut sichtbar, und die Kleinen finden sie leicht.

Von einem Aquarianer aus Miami erhielt ich einst ein Paar blauer Diskus, Symphysodon aequifasciatus haraldi, denen ich andere Junge unterschob, und die sich ausgezeichnet um sie kümmerten und fütterten.

Sobald die Jungen aber selbst fressen können, werden sie von den Eltern verscheucht, finden aber normalerweise immer wieder zurück. Erst wenn sie größer sind, werden sie voll akzeptiert. Solange aber werden sie immer wieder versuchen, ein Elternteil anzuschwimmen, um Hautsekret zu essen.

Die Fütterung dauert ca. drei Minuten, wechselt ständig zwischen den Elternteilen und erstreckt sich über den ganzen Tag, solange das Becken beleuchtet ist. Deshalb sollte das Licht zu gewissen Stunden völlig abgeschaltet werden, höchstens bis auf ein sehr schwaches Nachtlicht. Während der Ruhephase werden die Jungen von den Eltern in eine ruhige Ecke gebracht und bleiben bis zum nächsten Morgen dort.

Wärend der ersten Lebenstage entfernen sich die Jungen kaum von den Eltern. Mit dem fünften Tage ändert sich das. Dann haben sie ihre Größe verdreifacht und können sich einige Zentimeter entfernen. Aufgrund der Nahrungsnotwendigkeit müssen sie ziemlich alle Bewegungen der Eltern mitmachen und sind total auf sie angewiesen.

Es gibt oft Eltern, die sich während der Fütterung der Jungtiere streiten. Dies ist jedoch nur ein Ausdruck der natürlichen Eifersucht untereinander, obwohl es oft ein „Krieg" zu sein scheint. Bei größeren Aus-

schreitungen und Verletzungen muß die Brut natürlich entfernt werden.

Nach dem vierten Lebenstag können kleine Shrimps als Nahrung angeboten werden. Diese müssen unbedingt unter frischem Wasser gewaschen werden. Am Anfang werden die Jungen diese Nahrung sicherlich verweigern. Sie sollten deshalb zuerst an Baby-Artemia gewöhnt werden.

Gewöhnlich lasse ich die Jungen eine Woche bei den Eltern, die sie mit ihrem Hautsekret ernähren. Danach ist keine Notwendigkeit mehr gegeben, sie dort zu lassen. Zum Umsetzen benutze ich das gewohnte Wasser und fange die Jungen mit einem Netz. So erhalten sie beim Neueinsetzen in ein anderes Becken keinen Schock.

Die ersten drei Wochen bleiben die Jungen dann in einem Glasbecken mit 25 l Wasser. Dazu benutze ich im Becken einen kleinen Schwammfilter und einen Luftstein. Jetzt sind täglich Wasserwechsel notwendig und eine Fütterung über den ganzen Tag verteilt. Verdauungsprobleme werden durch die Wasserwechsel verhindert, da die Jungen den Hang haben, sich leicht zu überfressen.

Zwanzig Prozent des Wassers sollten täglich gewechselt werden, wenn es normales Leitungswasser ist. Der Chlorgehalt des neuen Wassers ist ziemlich hoch und man muß versuchen, ihn zu verringern. Außerdem ist das neue Wasser meist kühler, aber es sollte 2 °C wärmer sein, als das Beckenwasser.

Nach zehn Tagen kann man zu der üblichen Futtermethode übergehen: kleine Mückenlarven, gefrorene Herzstücke, Flokkenfutter, aber weiterhin auch Artemia, die sie fressen, bis sie ca. sechs Zentimeter groß sind.

Je nach Wachstum müssen die Kleinen umgesetzt werden, da sie dann mehr Platz benötigen. Vor allem muß aber das Problem einer Überlastung des Wassers bedacht werden.

Ein großer Unterschied besteht in den Wasserbedingungen zwischen den Erwachsenen und den Jungen bis zur eigenen Laichzeit. Bei mir werden alle Diskus – Ausgewachsene – Halbausgewachsene – Jungbrut – im Wasser des gleichen pH-Wertes gehalten. Die Wassertemperatur variiert etwas, was aber aufgrund des Standortes natürlich ist.

Die Frage Nummer eins bezieht sich aber immer auf die künstliche Aufzucht der Brut. Zieht man dies in Erwägung, dürfen keine Lebendpflanzen im Becken sein, da sonst die Eier auf die Blätter gelegt werden und sehr leicht verpilzen können. Nach der Eiablage werden die Eier befruchtet und sofort entfernt. Für eine gute Lüftung muß während der nächsten Zeit gesorgt werden. Ich verwende dazu einen Luftstein, der ca. 10 cm von der Brut entfernt angebracht ist.

Wenn die Eier einmal als „Klumpen" auf dem Boden liegen, können sie umgebettet werden. Eine medikamentöse Behandlung ist dann nicht mehr notwendig, da sie nicht mehr verpilzen. Ihr Zustand verändert sich während der nächsten 72 bis 80 Stunden bei 28 °C Temperatur nicht mehr. Jetzt müssen die Larven speziell gefüttert werden, z. B. mit hartgekochtem Ei. Man muß dazu schon einige Übung haben, aber es geht meist besser als man denkt.

Die Wasserwechsel sind einfach und die Brut muß nicht aus dem Becken genommen werden. Man kann hier mit einer Kelle oder einem Becher arbeiten, was von der Größe

des Beckens abhängt. Auf die Sauberkeit des Wassers ist ständig zu achten.

Das Licht in meinen Aquarien geht ca. um 23 Uhr aus. Während der Ruhepausen verbrauchen die Jungen keine Energie. Bei dauerndem Licht würden sie nie zur Ruhe kommen und auch dauernd fressen, was eine Überfütterung bedeutet.

Am zweiten Tag nach Absetzen der Fütterung mit Ei verändert sich die Farbe der Larven am Körper. Wenn alles gutgeht sieht man bereits am dritten Tag ein gutes Wachstum, was man mit der Jungbrut, die von den

Eltern gefüttert wird, vergleichen kann. Nach sechs Tagen sind ziemlich alle Probleme überstanden, und die Jungen können nun ganz gewöhnlich weitergefüttert werden. Hält man sich an diesen Nahrungsplan, und führt die vielen Wasserwechsel aus, werden die Jungen normalerweise durchkommen und gut wachsen.

Zu dieser Zeit muß man sich den weiteren Weg überlegen, da die Jungen sehr schnell wachsen, und die Laichzeit das ganze Jahr über besteht, so daß immer Jungtiere zu versorgen sind.

In dieser Bildfolge ist sehr schön die gesunde Entwicklung der Jungfische zu verfolgen. Auch die Anfangs enge Bindung zu den Eltern ist markant.

Weltweite Diskuszucht

Aufgrund des allgemeinen Interesses nach Diskusfischen ist es nicht erstaunlich, erfolgreiche Diskuszüchter in vielen Ländern auf der ganzen Welt zu finden. Erstaunlich dagegen ist, daß diese Erfolge unter mannigfaltigen Schwierigkeiten erzielt wurden.

Beispiele sind Jamaika und Trinidad, wo herrliche Diskus erfolgeich gezüchtet werden. Einige der Dikuszüchter in Trinidad haben von mir Diskusfische erhalten sowie auch einige Züchter in Europa, die ihre Erfolge damit, trotz harten Wassers, erzielten. Obwohl Lebendfutter in Form von Larven erhältlich ist, haben sich diese Züchter fast völlig auf Rinderherz verlassen. Gefrorene Krebse werden auch gefüttert, wenn auch nur als Zusatzfutter.

Europäische Diskuszuchtzentren sind vor allen Dingen in Deutschland ansässig. Entgegen der öffentlichen Meinung ist jedoch das deutsche Wasser nicht unbedingt weich. Das Gebiet um den Taunus in Mitteldeutschland hat jedoch tatsächlich weiches Wasser mit einer relativ geringen Härte, während andere Gebiete, z. B. in der Nähe von München, hartes Wasser haben. Man fragt sich dann, warum gerade die deutschen Diskuszüchter so große Erfolge haben. Dies ist sicherlich darauf zurückzuführen, daß sie jeder Kleinigkeit größte Beachtung schenken, sehr auf Sauberkeit achten, UV-Strahlen gegen Bakterien einsetzen und große Filteranlagen einbauen. Gebrauchsfertige Nahrung, wie hier in den USA, ist üblich, jedoch liegt ein gewisses Augenmerk auf Lebendfutter.

Die Engländer haben große Schritte in der Haltung von Diskus gemacht, obwohl deren Wasser bestimmt nicht den Bedingungen des Amazonas entspricht. Deshalb haben

englische Hobby-Aquarianer ihr Wasser entionisiert und enthärtet. Mit Ausnahme der Japaner haben wahrscheinlich die Briten die beste Auswahl an Diskusfischen. Alle Arten, alle Farben und Größen scheinen jederzeit erhältlich zu sein.

In Japan ist die Auswahl der Diskus sehr gut und die Anzahl der Diskusliebhaber wächst ständig. Kürzlich habe ich eine Reihe von Vorträgen über Diskushaltung in Nagoya und Tokio/Japan gehalten mit Frage- und Antwort-Diskussion hinterher, wobei die meisten an mich gerichteten Fragen (per Übersetzer) zeigten, daß die Japaner in der Diskushaltung sehr weit fortgeschritten sind.

Die japanische Diskushaltung ähnelt in vieler Weise der in den USA. Japaner legen keinen großen Wert auf Lebendfutter, sondern füttern hauptsächlich Rinderherz. Wie in den USA ziehen die Japaner Landschafts-

Heckeldiskus sind leider wegen ihres starken fünften Streifens weltweit aus der Mode. Immer wieder werden Kreuzungsversuche angestellt.

becken mit Lebendpflanzen oder Kunstpflanzen vor.

In Japan gibt es noch keine Zuchtvermarktung und die meisten Fische werden von Bangkok/Thailand importiert, weniger aus Singapur, Westdeutschland und den USA. Vor wenigen Jahren noch unterhielten die Diskuszüchter aus Hongkong gute Beziehungen zu den Japanern. Seit jedoch die ausgeprägten Farben in Japan vorgezogen werden, hat man keine Wahl, als von Bangkok zu importieren.

Diskusspezialisten im Erfahrungsaustausch.
Unter Mitsuru Hirose aus Japan, rechts Frau und Herr Dr. Schmidt-Focke.
Rechts unten Jack Wattley mit Bernd Degen.

Wattley Turquoise

In Japan sind Wattleys Diskus sehr bekannt und beliebt. Im „Fish Magazine" sind öfters Artikel darüber zu lesen.

フィッシュマガジン
アクアリウム専門誌
FISH MAGAZINE
1981
1
人気沸騰
ワットレイターコイズがやって来た
バハマ諸島アメリカの魚達
熱帯魚のふるさとアマゾン川魚類探索の旅(2)

Wattleys Türkisdiskus gingen um die ganze Welt.

Das größte Zentrum der Diskuszucht ist in Südostasien, einschließlich Hongkong. Im allgemeinen ist das Wasser dort sehr gut und die Diskus finden gute Bedingungen. In Bangkok/Thailand und Penang/Malaysia gibt es weiches, säurehaltiges Wasser, wogegen das Wasser in Hongkong einen pH-Wert von 7,5, einen Härtegrad von 1.0 bis 2.0 und eine Karbonathärte von 0 hat.

Die Händler in Penang und Bangkok können aufgrund ihres exzellenten Wassers große Teilwasserwechsel täglich vornehmen. So sah ich in Penang Wasserwechsel von 50 % bis zu dreimal täglich jeweils nach der Fütterung. Die gleichen Wasserbedingungen findet man in Bangkok, wo die Angestellten fast 90 % des Wassers täglich wechseln.

Eine Filteranlage wird in Bangkok nicht benutzt, sondern das einzige Zubehör ist ein Luftstein.

Diskus laichen auf kleinen Tontöpfen. Einige Diskuszüchter haben die Methode der Drahtabdeckungen vorgezogen, um das Fressen der Eier zu verhindern. So können die Eier nicht gefressen werden, der Sichtkontakt ist jedoch gewährt, und die natürlichen Elterninstinkte bleiben gewahrt.

Hier ist es jetzt notwendig, zu sagen, daß viele der Fische (speziell Jungfische), die aus Bangkok exportiert werden, künstlich gefärbt sind. Das beste Futter für ein schnelles Wachstum kleinerer Diskus sind die Larven der Macrobrachium Rosenbergi. Bei einer solchen Fütterung wachsen die Kleinen

nicht nur schnell, sondern werden gleichzeitig auch orange-rot. Wenn von Züchtern in Bangkok eine leuchtend blaue Farbe aufgrund großer Nachfrage gewünscht wird, setzt man 2 mg Methyltestosteron per Gallone Wasser zu. Nach einigen Wochen sind die Fische überall blau gefärbt und werden in Bangkok als „Bum Sea Fa" verkauft. Sowohl rote als auch blaue Diskus verlieren ihre Farbe innerhalb 3 Wochen, sobald eine andere Fütterungsmethode angewandt wird.

Die meisten der Diskus, die auf der Preisliste in Singapur erscheinen, kommen ursprünglich aus Penang und Bangkok, jedoch habe ich bei einigen privaten Züchtern auch Züchtungen gefunden. Diese Züchter behalten ihren Stamm an Diskuspaaren und verkaufen nur die Jungen an die herkömmlichen Händler.

Einer der Züchter in Singapur gab mir die folgenden Informationen:

1. Diskuspaare werden in Becken mit 200 Litern Wasser gehalten.
2. Wasserwechsel von 50 % werden täglich mit Leitungswasser vorgenommen. pWert 7,0 – mit Phosphorsäure auf 5,5 erniedrigt.
3. Keine Filteranlagen, sondern nur ein schwacher Luftstein pro Becken.
4. Lebendfutter wie Tubifex-Würmer und Blutegel angereichert mit Vitamin B über 30 Minuten.

Alle Diskus, die ich in Singapur gesehen habe, sind von guter Qualität der Klasse Symphysodon aequifasciatus haraldi und viele sind von der Qualität der Royal-Blue-Diskus. Der mir bekannte Züchter war der Meinung, daß die Fütterung wichtiger ist als das Wasser.

Die Diskuszucht in Hongkong wird im großen Rahmen betrieben. Entlang der chinesischen Grenze bei Kanton/Provinz Guangdong, wird vor allem die braune Art des Symphysodon aequifasciatus axelrodi gezüchtet und von Hongkong aus exportiert.

Die meisten der gezüchteten Arten sind braune Diskus, jedoch gibt es jetzt auch öfter den blauen Hongkong-Diskus. Dieser wird jetzt schon seit einigen Jahren gezüchtet, und er ist sicherlich eine Kreuzung zwischen dem Symphysodon aequifasciatus axelrodi und dem Symphysodon aequifasciatus haraldi. Die meisten der blauen Diskus haben entweder blaue Streifen oder Markierungen auf dem Körper, wenngleich nicht so intensiv wie bei dem echten Symphysodon aequifasciatus haraldi.

Einer der größten Händler in Hongkong kaufte vor einigen Jahren von mir einige

Stark ausgezogene Rücken flossen können auf eine Hormonbehandlung hinweisen.

meiner „Lake Téfé Green" (Symphysodon aequifasciatus aequifasciatus), aber bis heute sind noch keine Nachkommen dieser Art auf dem Markt erschienen. Dieser Züchter hielt 200 Zuchtpaare brauner Diskus in je einem 100 Liter Aquarium mit je einer Tonvase zum Laichen. Alle Paare in Hongkong, Penang, Bangkok und Singapur ziehen ihre Brut selbst auf, da dort keine künstliche Zucht betrieben wird.

Die von mir besuchten Züchter haben wenig Informationen über Fütterungsmethoden wie mit Rinderherz, Flockenfutter oder Trockenfutter, so daß sie ausschließlich Lebendfutter füttern. Ersatzfutter wird erst nach Trennung von den Eltern angeboten, genannt „dust daphnia". Sobald die Diskusbrut groß genug ist, wird sie mit Würmern gefüttert.

Die Bedingungen des Lebendfutters in Bangkok weichen von denen in Penang, Singapur und Hongkong ab. Die thailändischen Züchter geben lebende Tubifex-Würmer und Moskitolarven in die Becken, während in Singapur, Hongkong und Malaysia Moskitolarven abgelehnt werden. In Singapur füttert man lebende Tubifex-Würmer und Blutegel, in Malaysia hauptsächlich lebende Tubifex-Würmer.

In Hongkong werden hauptsächlich lebende rote Tubifex-Würmer gefüttert, obwohl man der Ansicht ist, daß lebende Blutegel eine saubere Sache sind. Die erfolgreichsten Züchter füttern heute ausschließlich Tubifex-Blutegel. Hierbei ist sehr interessant, daß es in jedem Zoogeschäft in Hongkong Blutegel zu kaufen gibt, die in Zeitungspapier eingewickelt in kleinen Mengen billigst verkauft werden. Ein anderes gängiges Fischfutter sind Shrimps von 2,5 cm, die früher üblicherweise nicht im Handel waren.

Diskuskrankheiten

Bevor ich über Diskuskrankheiten und ihre Behandlung schreibe, ist es notwendig, nochmals auf die Wasserhärte einzugehen. Die Wasserhärte resultiert aus dem Gehlt an Mineralstoffen, wie Calcium, Sodium und Magnesium, aus Salzen, und es gibt eine Sulfat- und Karbonathärte. Je nach Zusammensetzung der Mineralstoffe wird eine Dosierung von Medikamenten erschwert.

In hartem Wasser muß die Dosierung etwas höher liegen, als in weichem Wasser. Das weiche Wasser enthält kaum natürliche Puffer, was es auch gefährlicher macht in bezug auf pH-Wert-Schwankungen. Diese Punkte sind bei Anwendung von Medikamenten zu berücksichtigen. Meine Behandlungsempfehlungen können für jedes normale Diskuswasser angewendet werden. Bei einer Leitzahl von über 700 µSiemens kann es nötig sein, daß die Medikamentendosierung leicht erhöht werden muß, um einen Erfolg zu erzielen.

Auch der pH-Wert spielt eine größere Rolle beim Medikamenteneinsatz. In sehr saurem Wasser verlieren einige Medikamente ihre gute Wirkung, die sie in alkalischem Wasser erzielten.

Eine gute Möglichkeit, festzustellen, ob ein Diskus gesund war und ist, ist die Augengröße. Die Größe des Auges muß mit der Körpergröße harmonisieren. Bei einem gesunden Diskus, der immer gut gewachsen ist, stimmt diese Relation. War der Diskus einmal längere Zeit krank, dann kommt es zu Mißverhältnissen zwischen Augengröße und Körpergröße. Das Auge erscheint plötzlich irgendwie zu groß. Dieses Mißverhältnis kann auch auf schlechten Wasserverhältnissen, pH-Schwankungen und großen Nitritbelastungen beruhen. Siehe Foto rechts.

Bei Fischerkrankungen wird die Diagnose oft sehr zufällig gewählt und aus Äußerlichkeiten abgeleitet. Diese Diagnosen stimmen dann oft nicht und haben zur Folge, daß viele Fische, gerade Diskus, auf gut Glück behandelt werden. Viel Spekulation steht hinter den Behandlungen. Der eine Aquarianer schaut ständig nach Bakterien, der andere behandelt seine Diskus ein Leben lang alle sechs Wochen vorbeugend gegend irgendwelche Krankheiten. Es wäre besser, sich um die Ursachen und genaue Diagnose der Krankheiten zu kümmern.

Diskus, und andere tropische Fische, leiden oft an typischen Krankheiten wie Chilodonella, Ichthyopthirius, Costia und Trichodina. Diese Krankheiten sind in der einschlägigen Literatur gut abgehandelt, und ich weiß, daß im bede-Verlag ein spezielles Diskuskrankheitsbuch herauskommt.

Somit brauche ich nicht weiter auf diese klassischen Krankheiten eingehen. Zum Beispiel „Ichtyo", da gibt es keinen Grund weshalb Diskus je von dieser Krankheit befallen werden sollen. Werden die Fische über 26 °C gehalten, kann da gar nichts passieren.

Streß ist eine viel größere „Krankheit" für Diskusfische. Die geraten schneller in Streß, als andere tropische Zierfische. Es können viele Umstände als Auslöser für Streßsituationen aufgezählt werden. Zum Beispiel zählen Sauerstoffverknappung oder chemische Belastungen dazu. Nitrit im Wasser, pH-Wert-Stürze, überfüllte Aquarien, Erschütterungen, schnelles Herausfangen von Fischen; all dies können Vorläufer von späteren Krankheiten sein.

Spironucleus, als Hexamita bezeichnet, ist ein Flagellat, der viele südamerikanische Cichliden befällt. Diese Parasiten leben im Darm der Fische und können zum Beispiel

Unten die Mikroskopaufnahme eines Loches in der Kopfhaut.
Rechts Einspritzung von Medikamenten, wie von Bernd Degen empfohlen.
Rechts außen Diskusfisch mit Glotzauge, das oft bei Wasserverschlechterung auftritt.

dem Diskus große Probleme bereiten, wenn dieser in eine Streßsituation gerät.

Gerne werden diese Parasiten von anderen Cichliden auf Diskusfische übertragen. Gerade im Aquarium ist dies recht einfach. Löcher im Kopf, eingefallene Bäuche und Köpfe sind sichere Zeichen für solche Parasiten wie Spironucleus. Schnell kommt eine Nahrungsverweigerung dazu.

Verschiedene Medikamente sorgen für schnelle und dauerhafte Heilung. Metronidazol (Flagyl, Clont, Simplotan) in einer Menge von 100 mg auf 100 l Wasser und einer vorsichtigen Temperaturerhöhung auf 33 °C wird helfen. Diese Kur dauert drei Tage. Während dieser Zeit darf nur über Watte gefiltert werden. Danach kann mit Aktivkohle und einem Teilwasserwechsel das Medikament entfernt werden.

Eine andere effektive Heilungsmethode ist die mit der Verwendung von Ipronidazol hydrochlorid („Ipropran"). 2,3 Gramm von Ipropran werden mit 100 ml destilliertem Wasser gut vermischt. Danach werden je zehn Millimeter dieser Lösung auf 50 l Wasser gegeben. Nach 15 Tagen wird diese Dosierung wiederholt.

Eine der häufigsten Diskuskrankheiten ist der Befall mit Capillaria, ein Nematoden-Wurm, der in vielen Cichliden gefunden wird.

Capillaria ist eine wesentlich schlimmere Krankheit für Diskusfische, als Spironucleus. Befallene Diskus fressen nicht mehr und haben einen weißen Kotfaden, den sie hinter sich herziehen. Doch dieser Kotfaden ist kein untrügliches Zeichen, denn er taucht auch bei der Lochkrankheit und bei Darmverstimmungen auf.

Das am häufigsten angewandte Medikament ist „Masoten" (Dylox), ein weißes Puder, das bei Temperaturen unter 28 °C und leicht alkalischem Wasser angewendet werden soll. Die Dosierung beträgt 50 mg auf 100 l Wasser für drei Tage. Die Behandlung muß nach 14 Tagen wiederholt werden.

In Europa verwenden Diskusliebhaber auch in Concurat (Tetramisol) gebadete Tubifex- oder Mückenlarven. Diese Würmer werden lebend in eine Mischung von vier Litern Wasser und zehn Gramm Concurat gelegt. Spätestens nach 15 Minuten müssen sie herausgenommen und verfüttert werden. Sie können auch auf Vorrat eingefroren werden. So kommt eine gewisse Menge des Wirkstoffes in den Diskusmagen.

Zwei sehr verbreitete Quälgeister sind die Kiemenwürmer Dactylogyrus, ein Eierleger, und Gyrodactylus, ein Lebendgebärer. Sie werden im Wasser sehr schnell von Fisch zu

Fisch übertragen. Ich glaube, daß diese Kiemenwürmer in Europa stärker auftreten als in den USA.

Diese Parasiten sind kleiner als ein Millimeter und befinden sich in den Lamellen der Kiemen. Diese beiden Kiemenwürmer können auch in kleinen Mengen auf gesunden Diskusfischen gefunden werden. In dieser geringen Zahl machen sie dem Diskus keine Probleme.

Erst wenn der Fisch in eine schlechtere Verfassung gerät, vermehren sich auch plötzlich die Kiemenwürmer. Sie verschlechtern die Kiemendurchblutung und den Sauerstoffaustausch.

Ein gesunder Diskus „atmet" durchschnittlich 60mal pro Minute. Erhöht sich die Atemfrequenz , kann schon auf einen Kiemenwurmbefall getippt werden. Kiemenabstriche geben genaue Auskunft.

Ich habe die Kiemenwürmer bei meinen Diskusfischen durch Formalin ausgerottet. Ich gab drei Tropfen von handelsüblichem Formalin auf fünf Liter Wasser. Nach acht Stunden wechselte ich die Hälfte des Aquariumwassers.

Natürlich darf während der Behandlung ebenfalls nicht über Aktivkohle gefiltert werden.

Bei den eierlegenden Kiemenwürmern sind zwei oder drei Behandlungen in Abständen notwendig.

Um sicher zu gehen, auch alle Kiemenwürmer der eierlegenden Art auszurotten, wiederhole ich die Behandlung nach drei Tagen. Danach mache ich eine dritte Kur, wiederum nach drei Tagen.

Auch das in Europa verwendete Masoten in der Dosierung von 50 mg auf 100 l Wasser im Abstand von drei Tagen ist sehr hilfreich. Masoten wirkt sehr stark auf die Diskusfische ein und sollte deshalb nicht höher dosiert werden.

Eine dritte Behandlung sollte nur erfolgen, wenn die Fische noch Anzeichen einer Erkrankung zeigen.

Während der Behandlung mit Masoten verlieren die Diskus an Farbe und Appetit.

Haben Diskusfische eine bakterielle Kiemenentzündung, kann Nitrofurazon (Faracin) angewandt werden. Jedoch wäre hier eine genaue Diagnostik von großer Bedeutung. Überhaupt können starke Medikamente nur nach genauer Diagnosestellung angewandte werden.

Grampositive Bakterien können gut mit Erythromycin bekämpft werden. Gerade bei tropischen Zierfischen werden viele Antibiotika verwendet. Dies führt schnell zu Bakterienresistenz.

Auch eine Aufheizung des Aquarienwassers ist kein Allheilmittel, da die Bakterien diese Temperaturerhöhung leichter verkraften, als unsere Diskusfische.

Vorbeugende Maßnahmen sind gut aufbereitetes Wasser und ausreichende Wasserwechsel. Diese Teilwasserwechsel wirken oft Wunder bei der Behandlung von „Krankheiten".

Hochflossige Wattley Türkis, die sich zu einem Paar zusammengefunden haben.

Jack Wattley, der berühmte Diskuszüchter

von Dr. Herbert R. Axelrod

Jack Wattley, Dr. Herbert R. Axelrod und Bernd Degen bei einem ihrer Treffen in den USA.

Die Welt ist voller Träumer – Gott sei Dank, denn Fortschritt wird meist durch diese Träumer ausgelöst. Wo wären wir ohne unseren Thomas Edison, Alexander Graham Bell oder Christopher Columbus und „Jack Wattley"?

Jack Wattley? Wer ist Jack Wattley? Wenn Sie Jack Wattley nicht kennen, dann sind Sie kein Insider der Diskusszene. Was ist ein Diskus?

Wenn Sie nicht wissen was ein Diskus ist, dann kennen Sie sich in der aquaristischen Welt ebenfalls nicht aus.

Der Diskus ist ein runder, flacher Fisch, der im Flußsystem Amazoniens in Südamerika, meist in Brasilien, gefunden wird. Er ist der kostspieligste bekannte Süßwasseraquarienfisch und immer noch der am meisten gesuchte. Für viele Jahre ist er der am schwierigsten nachzuzüchtende Fisch gewesen.

Die meisten Züchter waren glücklich, diesen Fisch überhaupt nachziehen zu können. Doch ein Mann träumte davon, diese sensiblen Fische nicht nur nachzuziehen, son-

dern sie auch zu studieren. Er studierte die Genetik dieser Fische, um schönere und differenziertere Diskus-Farbvarianten zu züchten. Diese Diskus sollten die Welt erobern. Sein Auge suchte schöne Fische, wo immer es nur möglich war. Schmetterlinge und Orchideen inspirierten die Farben seiner Traumfische. Nach über zwanzig Jahren wurde sein Traum Wahrheit.

Jack Wattley fing nicht nur in Südamerika seine Diskus, sondern er züchtete sie auch nach. Durch Inzucht konnte er die Farben der sehr dominanten Männchen stabilisieren. Wattley arbeitete mit den Genen wie ein Kunstmaler mit dem Pinsel. Er wollte der Welt bekanntester Diskuszüchter werden. Deshalb kennt jedermann auch Jack Wattley, wenn er etwas von Diskusfischen versteht.

Wie züchtet Jack Wattley seine Diskus?

Der Grund dieses Artikels ist der, daß Jack Wattley eines Tages ein Manuskript an T.F.H. sandte. Dieses Manuskript enthielt seine Aufzeichnungen über Diskuszucht. Auch über Fang und Suche nach diesen wertvollen Fischen schrieb er einiges. Mittelpunkt waren die „Wattley Türkisdiskus".

Ich war mit diesem Manuskript nicht einverstanden. Ich wollte dieses Buch nicht verlegen, denn ich hatte andere Erfahrungen gemacht. Ich kann behaupten, daß ich als erster alle Diskusvarianten in ihrer Heimat selbst gefangen hatte. Ich hatte andere Erfahrungen gemacht, denn niemals fing ich Diskus in 60 cm tiefem Wasser, das mit einem Gestrüpp bewachsen war. Niemals sah ich Eingeborene kleine Diskus, die zu klein zum Essen oder Verschicken waren, auf das Ufer werfen, damit sie dort eingingen.

Jeder Diskus, egal wie groß er war oder welche Farbe er hatte, wurde an die vorbeiziehenden Fischaufkäufer verkauft. Diese Aufkäufer von Zierfischen waren an allen Fischen interessiert, die sie bekommen konnten.

Die Diskus wurden nachts Stück für Stück mit Lampen gefangen. So gab ich dieses Manuskript an andere Mitarbeiter von T.F.H. zur Bearbeitung, damit niemand sagen konnte, daß Axelrod eigentlich „eifersüchtig" ist. Meine Mitarbeiter fanden, daß sehr viel Interessantes in diesem Manuskript steht, das die Diskusliebhaber in aller Welt interessiert, und deshalb sollte das Buch publiziert werden. Im bede-Verlag fand ich einen guten Partner, um dieses Buch jetzt den deutschsprachigen Diskusliebhabern bekannt zu machen.

Aber wie züchtet Wattley seine Diskus wirklich nach?

Das ist die Kernfrage seines Buches. Zuerst selektiert er seine Zuchtfische, um die gewünschten Erbanlagen zu festigen. Die ausgesuchten Fische haben immer eine sehr gute Farbe. Er achtet auf beste brillanttürkise Farben und lange Flossen.

Dann bringt er die ausgewählten Fische in Gruppen von drei bis fünf Stück in ein Aquarium. Er hofft jetzt, daß die Natur ihren Lauf nimmt und die Fische sich ihren Geschlechtspartner selbst suchen. Experimente haben uns gezeigt, daß das erste Pärchen, das sich selbst findet auch erfolgreich nachzüchtet. Ist dies geschehen, fängt Wattley diese beiden Fische heraus und setzt sie in ein Zuchtaquarium. Jetzt soll das Naturwunder der Diskusvermehrung eintreten.

Im Zuchtaquarium benutzt er nur einen einfachen Schaumstoff-Filter, der mit Luft betrieben wird. Als Laichsubstrat benutzt er Plastikscheiben oder Plastikrohre. Haben die Fische dort ihre Eier abgelegt, entfernt Wattley diese und überführt sie in ein spezielles kleines Aufzuchtaquarium. Dort sollen die Larven schlüpfen. Diese Zuchtaquarien enthalten nur wenige Liter Wasser. Im Wasser befindet sich so viel Methylenblau, daß es kaum möglich ist, die Eier zu sehen. Die Eier werden mit kleinen Ausströmern belüftet.

Sind die Larven geschlüpft, werden sie in kleine Emailschüsseln überführt. Diese Schüsseln haben einen Durchmesser von knapp dreißig Zentimetern und nur wenige Zentimeter Tiefe.

Während der künstlichen Aufzucht werden die Larven mit einer Eigelbmasse gefüttert, die an den Schlüsselrand gestrichen wird. Gierig fressen die Kleinen dieses Ersatzfutter.

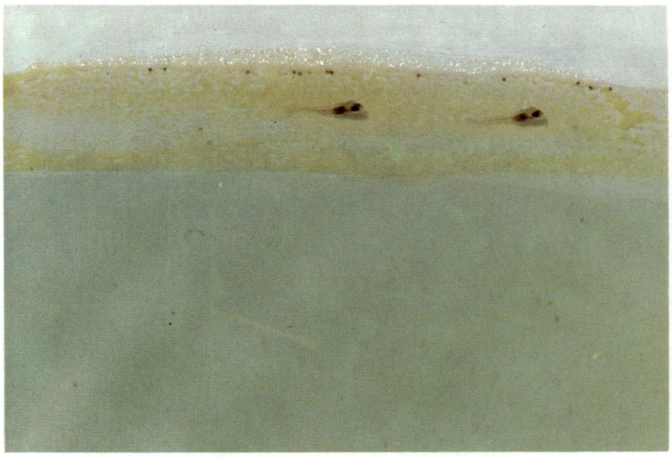

Die zappelnden Larven werden ständig beobachtet. Sobald sie mit dem Freischwimmen beginnen, werden sie gefüttert. Normalerweise steuern jetzt die Larven ihre Eltern an, um das Hautsekret gierig abzuweiden. Wattley hat eine Methode entdeckt, die Diskus künstlich aufzuziehen. Diese künstliche Aufzucht garantiert ihm eine höhere Überlebensrate von Diskusjungfischen.

Wattleys geheimes Aufzuchtfutter

Wattley hat ein Aufzuchtfutter entwickelt, das hauptsächlich Eigelbpulver enthält. Er macht aus den Zutaten eine Paste, die er zwischen den Fingern verreibt und an den Rand der Schüsseln schmiert. So können die Diskuslarven diesen Nährschleim genauso abweiden wie das Hautsekret der Elternfische.

Diese Methode klappt wirklich und es ist die einzige Methode, die mir bekannt ist, die es ermöglicht, auch wirklich die Diskusfische künstlich aufzuziehen. Natürlich bringt diese Eigelbpaste das Wasser in der Schüssel schnell zum Verderben. Deshalb müssen die

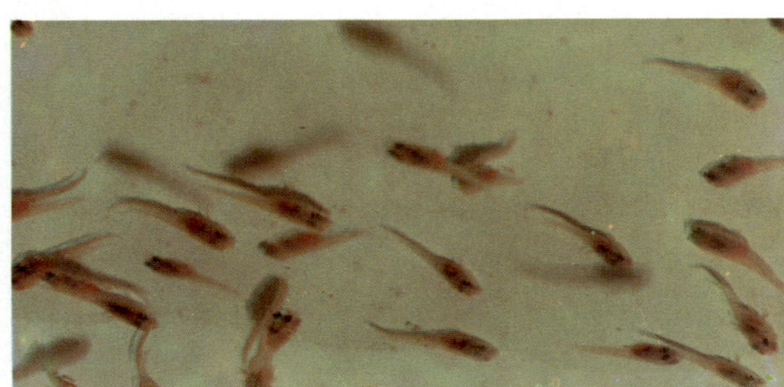

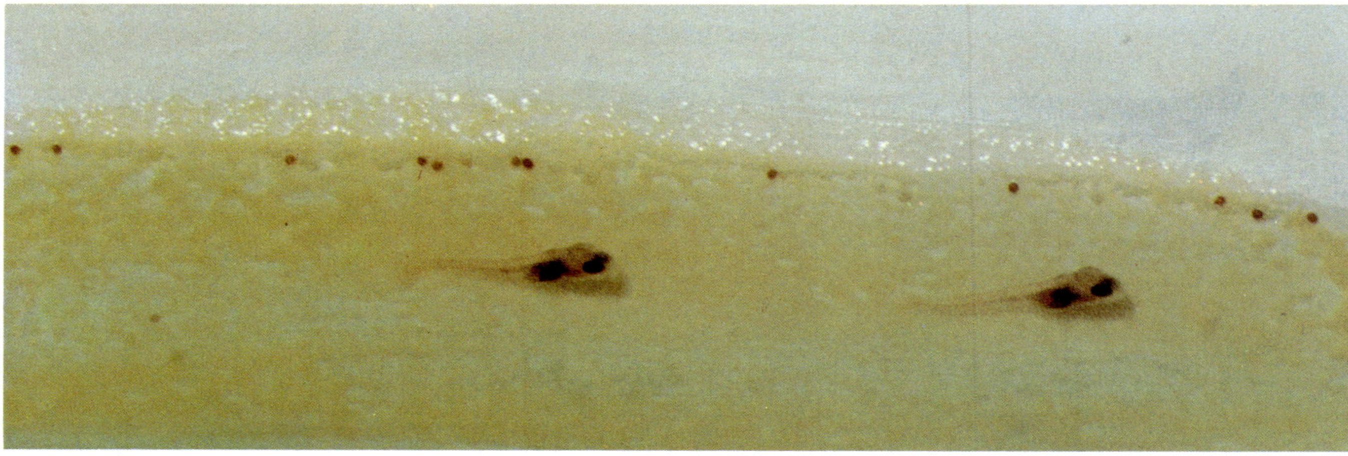

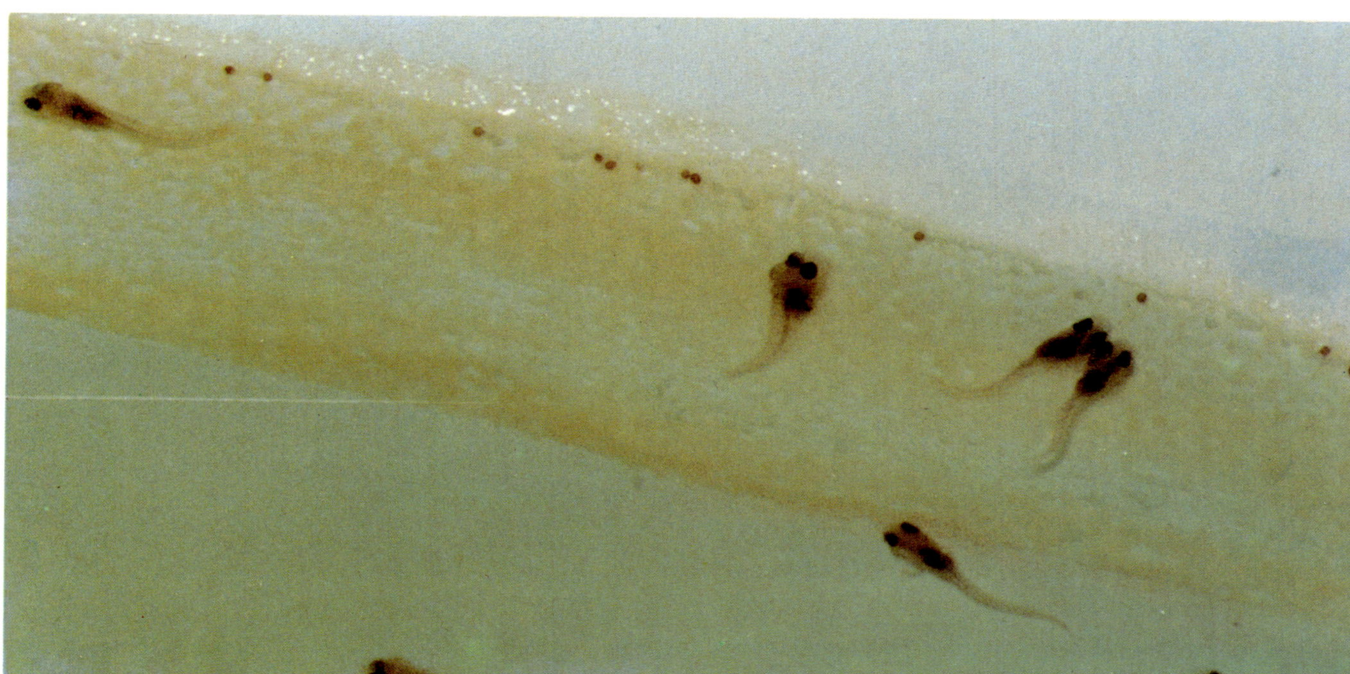

Auf diesen Nahaufnahmen ist deutlich die Eigelbpaste zu sehen, die die Larven fressen. Die Bäuche erscheinen rundlich und mit Futter gefüllt.

Jungen ständig umgesetzt werden. Sie werden vorsichtig in eine nächste Schüssel umgebettet. Dort geht die Fütterung sofort weiter. Es ist ein ständiges Umsetzen und erfordert viel Arbeit und Fingerspitzengefühl.

Gerade die ersten Tage ernähren sich die Larven nur von dieser Paste. Es muß gewährleistet sein, daß sie ständig dieses Futter fressen können. Würde das Wasser schlecht werden, könnten die Jungen schnell absterben.

Nach einer Woche Fütterung mit dieser Eigelbpaste beginnt Wattley mit der Zufütterung von frisch geschlüpften Artemia-Krebschen. Wattley sucht die größeren Diskusjungen immer wieder heraus und sorgt so dafür, daß die etwas kleineren Jungen auch die Gelegenheit haben das ideale Futter zu bekommen.

So werden nach und nach alle Diskusjungfische an Artemia gewöhnt. Die Jungfische werden einige Wochen in diesen Schüsseln gefüttert, danach kommen sie in größere Aufzuchtaquarien.

Diese schwierige Aufzuchtmethode gelingt nur mit hochwertigem Eigelbpulver bester Qualität und Zusätzen wie Vitaminen oder Mineralien. Die genaue Zusammensetzung gibt Wattley nicht bekannt, so daß jeder Interessent seine eigenen Versuche machen muß.

Bulliges und hochflossiges Nachzuchttier mit hohem Rotanteil in der Beflossung.

Brillanttürkis

Dieser Diskus wird gerne als deutscher Rottürkis bezeichnet. Bei diesem jungen Fisch erscheinen die Streifen noch zu braun.

Herrlicher Brillanttürkis mit hohem Blauanteil. Die Form dieses Diskus kann als hervorragend bezeichnet werden. Mit diesem Stamm lohnt es sich weiter zu züchten .

Hochflossiger, fast flächiger Brillanttürkis-Mann mit hervorragender Beflossung.

Bulliges Rottürkis-Männchen der Spitzenklasse. Dieser Diskus dominiert in seinem Aquarium und beherrscht die Artgenossen völlig.

Jack Wattleys Diskuszucht

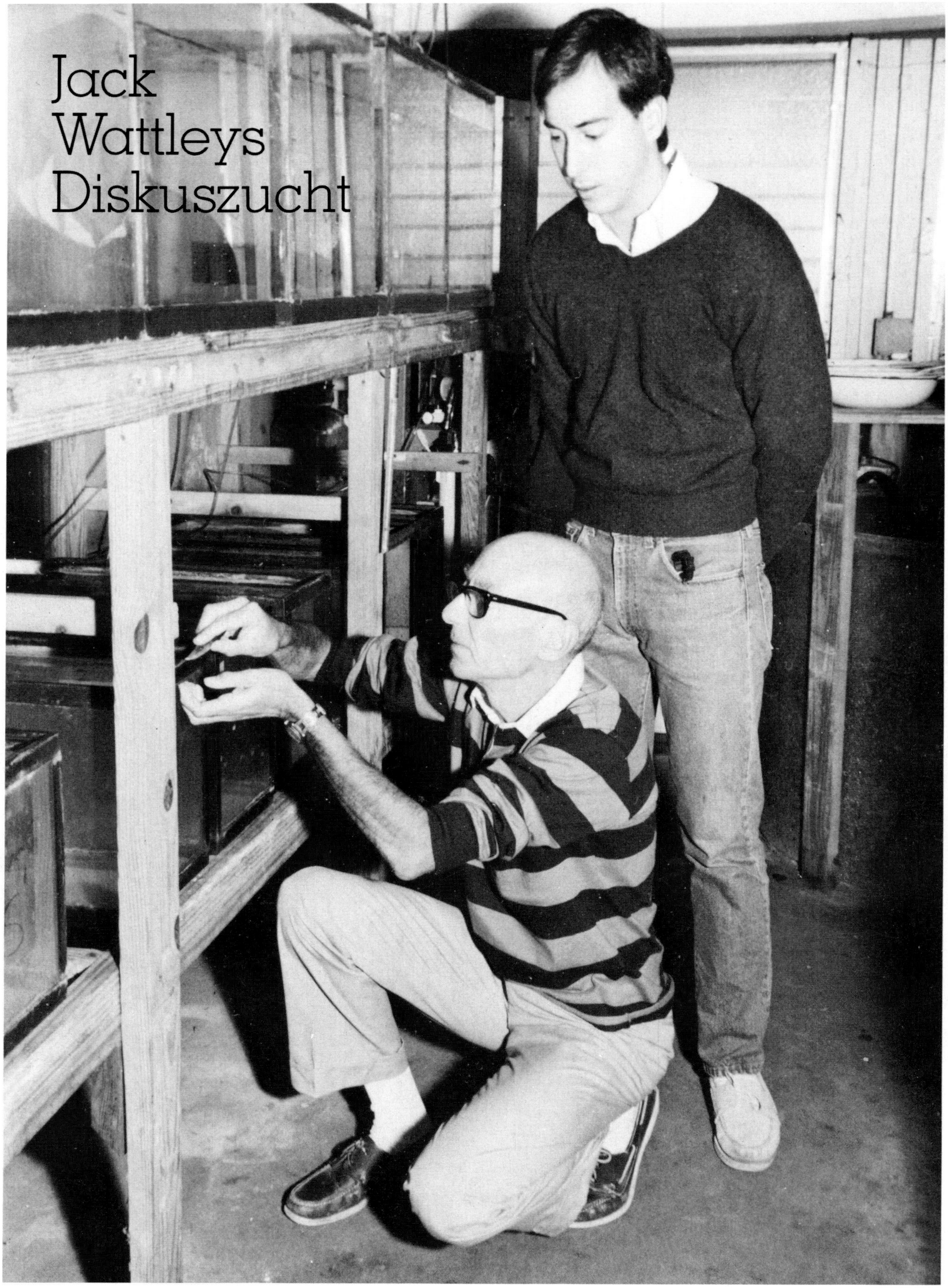

Jack Wattley und sein Sohn Tom bei der täglichen Arbeit im Zuchtraum.

Jede Brut muß sehr aufmerksam gefüttert werden. Die künstliche Aufzucht erfordert erhöhte Aufmerksamkeit.

Tom Wattley saugt Schmutzwasser ab und durchlüftet die Aufzuchtschalen.

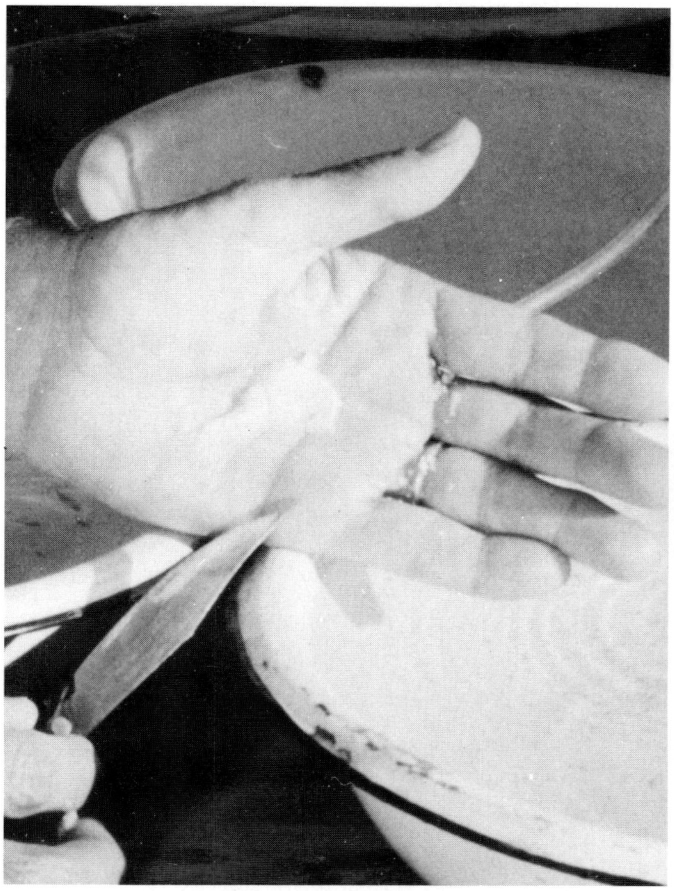

Die Eigelbpaste wird fein zerrieben.

Eigelbpaste wird an den Schüsselrand geschmiert.

Mit den Fingern kann die Pastenmenge besser dosiert werden.

In jeder Schüssel schwimmen oft Dutzende von Diskuslarven. Auf sauberes Wasser ist immer zu achten.

In dieser Tonne bereitet Wattley das Wasser für die Aufzuchtsschüsseln auf.

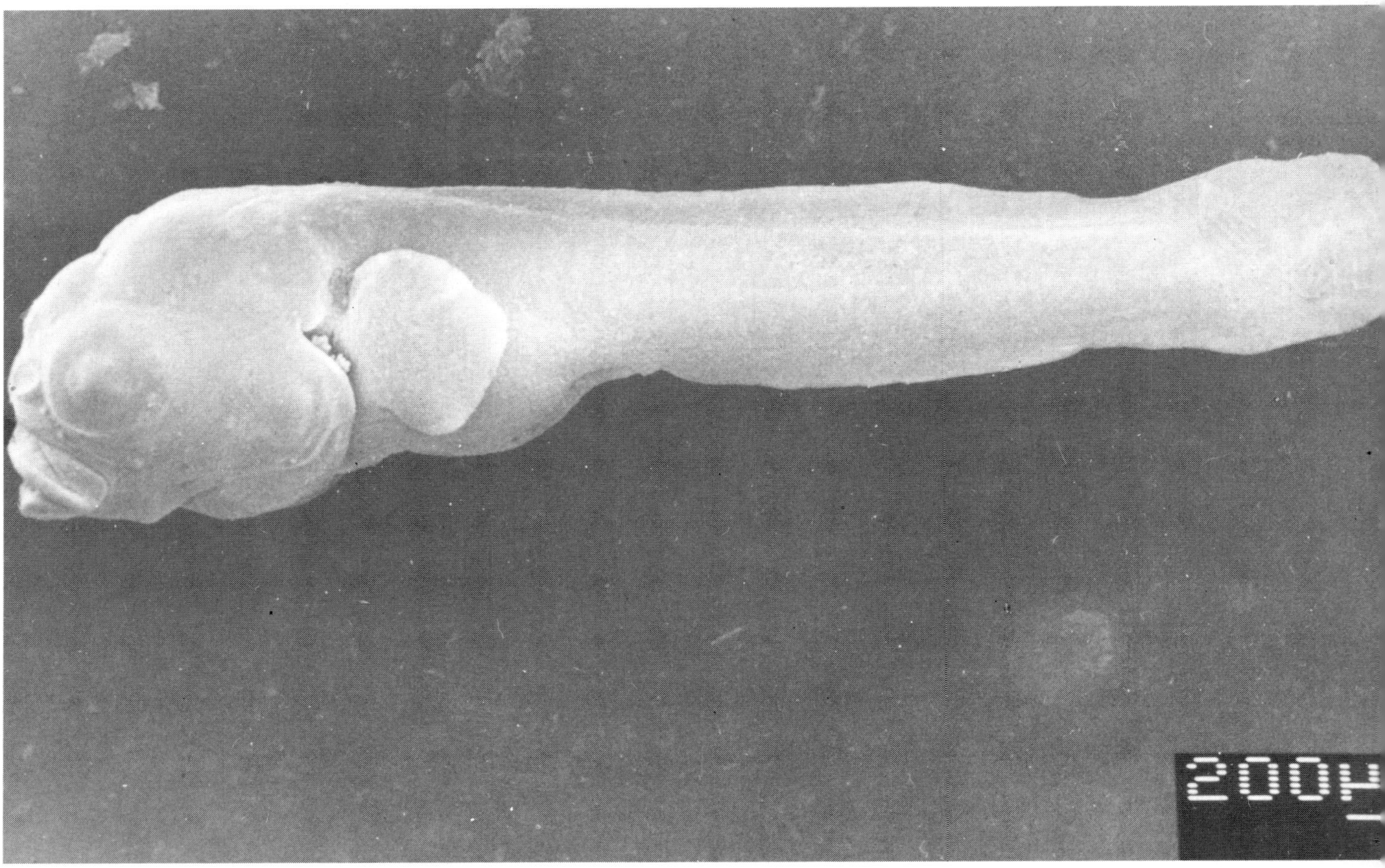

Sechs Tage alte Diskuslarve unter dem Elektromikroskop. Sie hat schon ein ausgebildetes Maul, um von den Nährzellen der elterlichen Haut zu fressen.

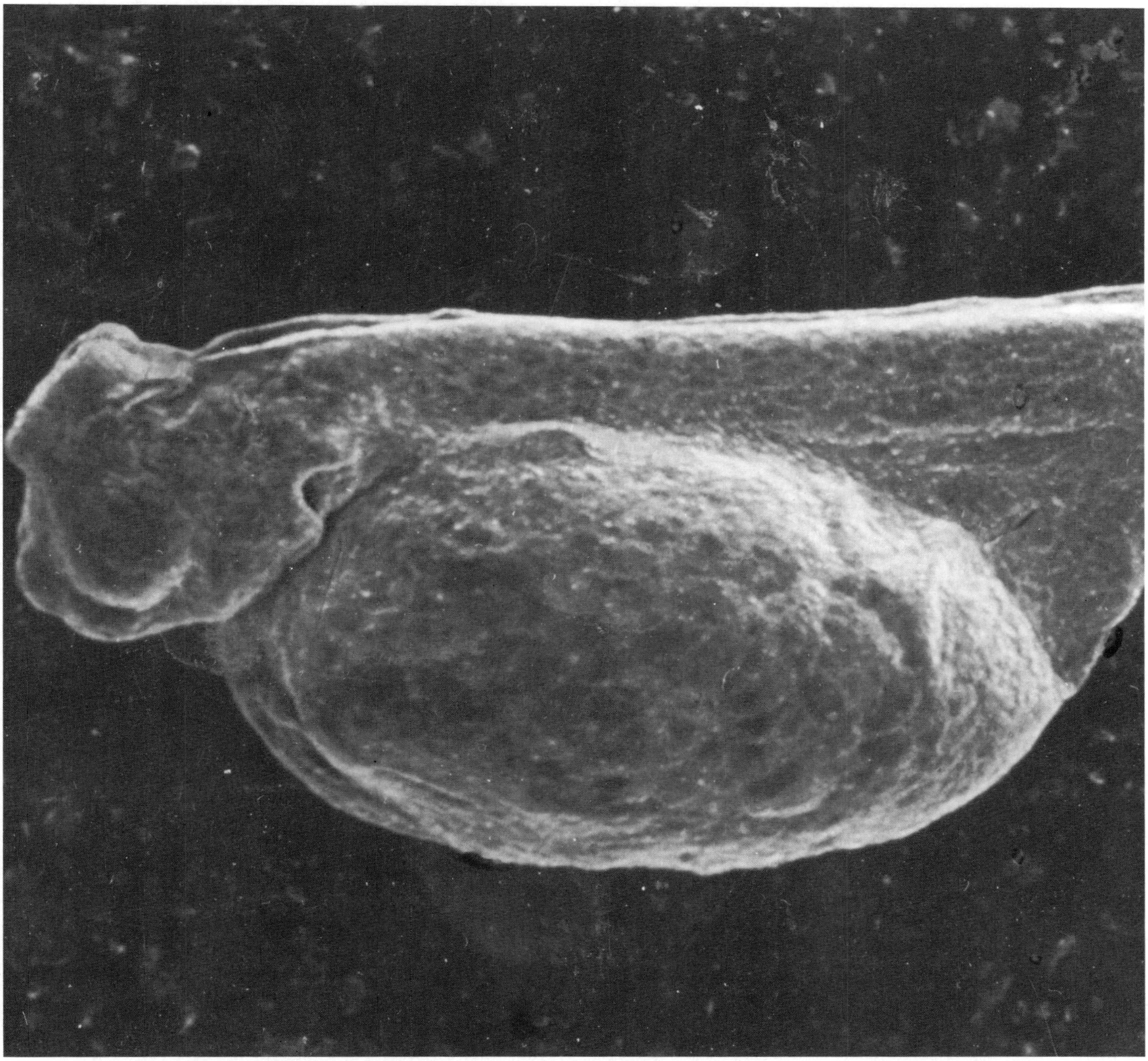

Diskuslarve einen Tag nach dem Schlüpfen. Der Dottersack ist prall gefüllt. Damit wird die Larve bis zum Freischwimmen versorgt.

Am Kopf der geschlüpften Larve sind die Saugnäpfe zur Befestigung am Laichsubstrat sehr gut zu sehen. Damit wird ein Abfallen verhindert.

Gesicht einer Diskuslarve. Auffallend die ausgeprägte Maulpartie mit einer Art von Zähnen.

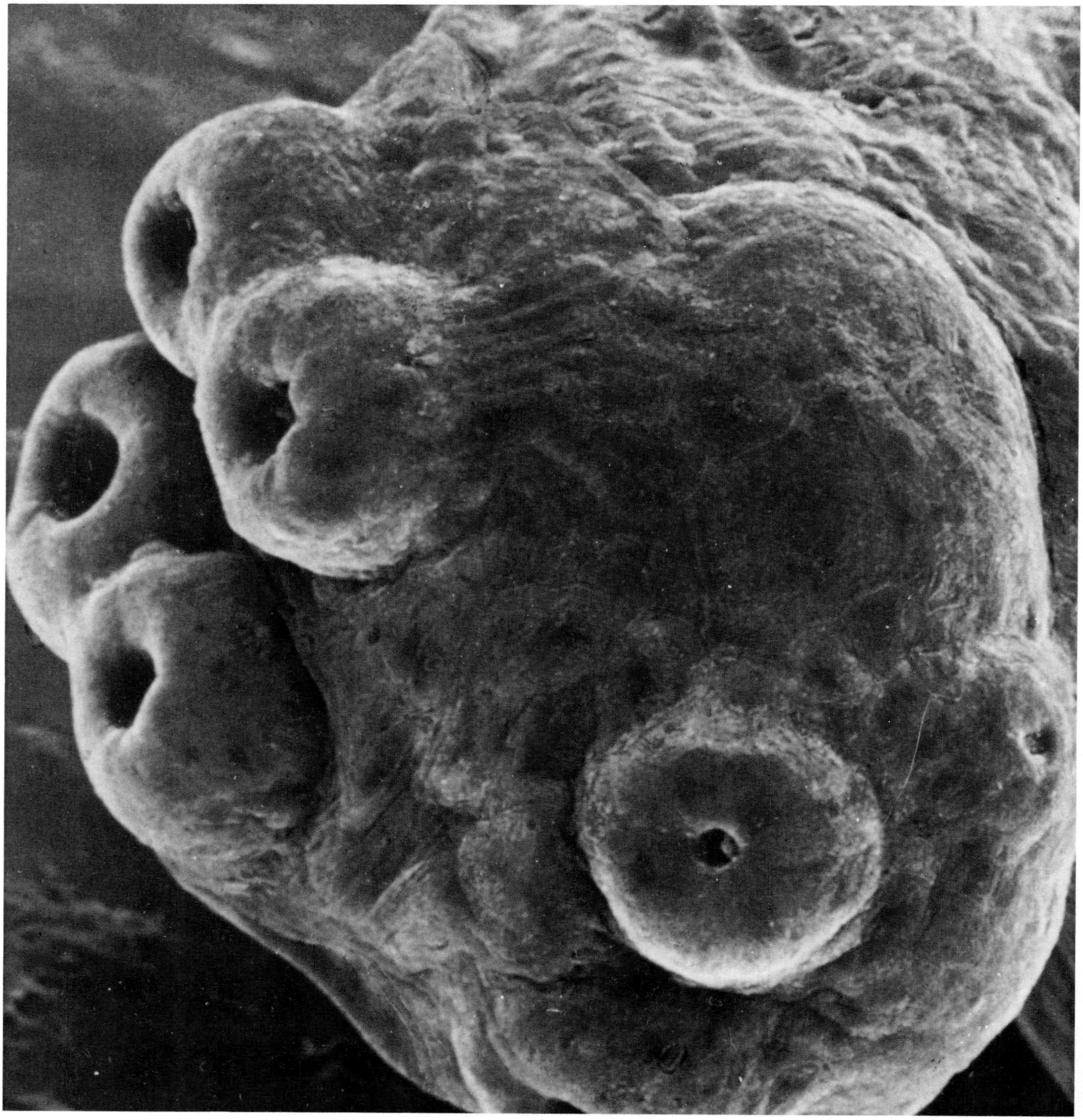

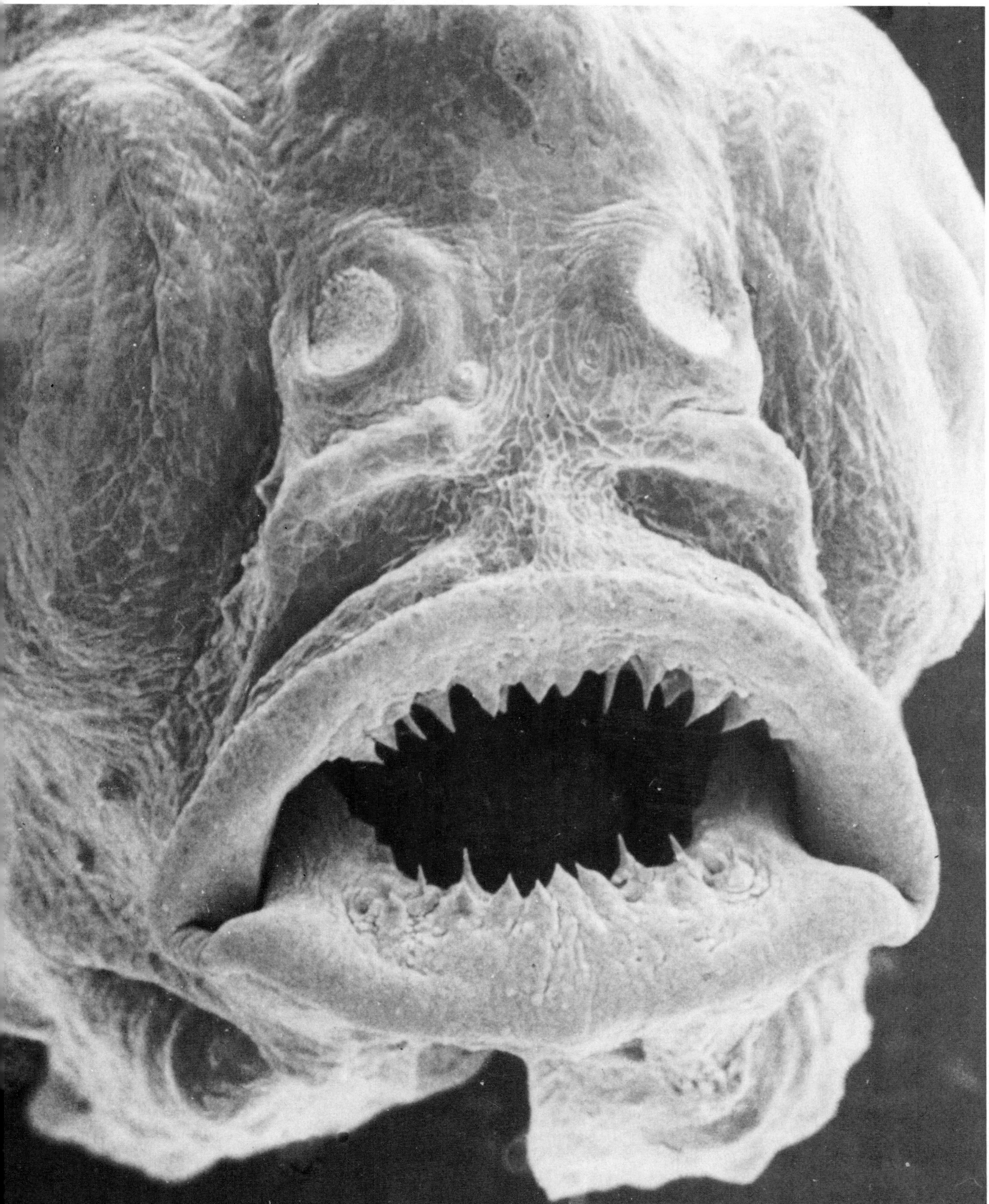

Unser Dank

gehört allen Fotografen, die durch ihre Aufnahmen zum Gelingen dieses Buches beigetragen haben:

Dr. Herbert R. Axelrod	Osvaldo Gonzalez
Hans Georg Petersmann	Dirk Schlingmann
Dieter Putz	Dick Au
Günter Heymans	Wayland Lee
Heiko Bleher	Tom Wattley
Dr. Joseph Jagust	Wong Chong Moh
Lo Wing Yat	Christine Taras
Klaus Schmidt	Dr. E. Schmidt-Focke
Marcus Degen	Midori Shobo
A. L. Pieter	Alfred Castro
Harold Beck	Dr. Harry Grier